일본 워킹홀리데이
난 해봤어

일본 워킹홀리데이
난 해봤어

ⓒ 곽만수, 2016

초판 1쇄 발행 2016년 10월 31일
     2쇄 발행 2018년 2월 28일

지은이   곽만수
펴낸이   이기봉
편집   좋은땅 편집팀
펴낸곳   도서출판 좋은땅
주소   경기도 고양시 덕양구 동산동 376 삼송테크노밸리 B동 442호
전화   02)374-8616~7
팩스   02)374-8614
이메일   so20s@naver.com
홈페이지 www.g-world.co.kr

ISBN   979-11-5982-471-5 (03910)

이 도서의 국립중앙도서관 출판시도서목록(CIP)은 서지정보유통지원시스템 홈페이지(http://seoji.nl.go.kr)와 국가자료공동목록시스템
(http://www.nl.go.kr/kolisnet)에서 이용하실 수 있습니다. (CIP제어번호 : CIP2016024985)

"오늘도 만수상의" 일본 여행, 취업, 쉐어하우스 생활기

일본 워킹홀리데이
난 해봤어

곽만수 지음

좋은땅

울산대학교 경영학과 4학년에 재학 중이었던 나는 졸업을 1년 앞
둔 27살에 워킹홀리데이(Working Holiday)를 지원했다. 하지만 27살
이라는 나이는 너무 두려웠다. 남들보다 졸업이 빠른 편도 아니었고

워킹 생활을 끝내고 돌아온 후, 취업이 바로 된다는 보장도 없었기 때문이다.

'다른 사람들보다 일 년 뒤처지는 건 아닐까? 일본에서 1년 동안 많은 것을 배워 올 수 있을까?'라는 고민들이 머릿속을 맴돌았다. 안정적인 삶을 위해 주위 친구들과 똑같은 생활을 하는 것에 점점 싫증을 느끼게 되었으며, 매일 아침 학교 수업을 듣고 토익 공부를 하고 리포트를 작성하는 등 반복적인 일상이 너무 답답해지기 시작했다. 그래서 한국에서 벗어나고 싶다는 마음과 해외에서 자유롭게 도전해보자는 생각으로 워킹홀리데이를 떠나게 되었다. 반은 현실 도피성이라고 해야 할지도 모른다.

가족과 주위 친구들은 반대하였지만 20대만이 누릴 수 있는 특권을 놓친다면 평생 후회할 것 같아 비자를 받자마자 오사카행 비행기에 몸을 실었다. 일본에 도착하면 마냥 행복할 줄 알았다. 내 주머니에 남아있는 전 재산 18만 엔(180만 원)으로는 여행과 쇼핑은 사치에 불과하였다. 살아남기 위해 더 신중하게 생각하고 남들보다 더 열심히 뛰어다닌 결과, 청년취재단과 인터뷰, 방송국 인터뷰 요청, 취업 내정을 받으며 워킹홀리데이 생활을 마무리 할 수 있었다. 일본의 생활이 있었기에 새로운 것을 도전하는 지금의 '만수상'이 있다.

목
차

프롤로그   4

PART 1

**일본 워킹홀리데이
준비하기**

1. 일본 워킹홀리데이의 정의   14

2. 만수상이 생각하는 워킹홀리데이란?   14

3. 일본 워킹홀리데이 무작정 따라하기!   16

4. 일본어 공부 방법 Tip   18

PART 2

**일본 워킹홀리데이
비자 신청**

1. 비자 신청하기   22

2. 서류 준비하기   23

PART 3

출국준비

1. 도시 선정   28

2. 초기 자금   30

3. 출국 전 준비물   31

4. 항공권 예약   32

PART 4

일본 생활

1. 방 구하기   36

2. 체류카드 등록방법   38

3. 통장 개설   39

4. 핸드폰 개통   40

5. 아르바이트 구하기   42

6. 만수상의 면접 노하우 따라하기   47

PART 5

**만수상의
일본 워킹홀리데이
적응기**

 # 2014년 12월

12월 5일 - 일본 워킹홀리데이 비자 취득   51

12월 22일 - 오사카로 떠나다   52

12월 23일 - Taiyo Hotel & 게스트하우스 도착   53

12월 26일 - 집을 구하자   54

12월 29일 - 도장은 어디 갔니?   56

 # 2015년 1월

1월 1일 - 일본의 お正月(설날)은?   58

1월 3일 - 첫 만남은 어색하게!   60

1월 6일 - 아르바이트 면접 준비는 완벽하게!   61

1월 29일 - 일본 최고의 돈까스 '만제'   63

 # 2015년 2월

2월 5일 - 도지마롤과 첫 만남   66

2월 6일 - 첫 월급은 슬프다   68

2월 15일 – 토요일은 외국인 클럽파티　　　　　　70

2월 18일 – 일본 마트 정복하기　　　　　　　　72

만수상의 조언　　　　　　　　　　　　　　73

　"3개월만 참아라!"

PART 6

**만수상의
일본 워킹홀리데이
정착기**

 # 2015년 3월

3월 6일 – 도지마롤 판매사원이 되다　　　　　　77

3월 17일 – 두 번째 월급은 기쁨도 2배　　　　　79

3월 22일 – 텐텐타운 코스프레 현장　　　　　　81

3월 27일 – 반가워 사라, 핫산!　　　　　　　　82

 # 2015년 4월

4월 11일 – 벚꽃놀이 가자　　　　　　　　　　85

4월 13일 – 새로운 도전 유니클로 & GU　　　　86

4월 15일 – 아쉬움이 많은 베이비돌 면접　　　　88

4월 19일 – 유니클로 & 베이비돌?　　　　　　　90

 # 2015년 5월

5월 6일 – 일본은 파칭코 천국　　　　　　　　93

5월 21일 - 주말은 힐링 타임 95

5월 28일 - 타코+비루? 97

5월 29일 - 도지마롤 첫 회식을 가다 98

 # 2015년 6월

6월 9일 - 점장님 이거 어때요? 101

6월 19일 - 타베호다이 & 노미호다이 102

6월 26일 - 거짓말쟁이 만수상 104

PART 7

**만수상의
일본 워킹홀리데이
여행기**

 # 2015년 7월

7월 3일 - 워킹홀리데이 중간결산 109

7월 24일 - 바다로 떠나는 피크닉 111

7월 25일 - 점장님 한잔 할까요? 113

7월 27일 - 여름에는 불꽃축제 115

 # 2015년 8월

8월 9일 - 오사카 맛집은 어디? 118

8월 18일 - 워홀러에게 오봉야스미란? 120

8월 22일 - 일본의 이색카페 122

8월 27일 - 늘 새로운 유니버셜스튜디오 재팬 124

2015년 9월

9월 1~3일 - 후지산아 반가워!   127

9월 7일 - 주말은 출근하기 싫다   131

9월 24일 - 당이 부족한 날   133

2015년 10월

10월 1일 - Happy Birthday   136

10월 8일 - 자전거로 떠나는 여행   138

10월 13일 - 손님에게 팬티를 선물 받다   144

PART 8

**만수상의
일본 워킹홀리데이
이별하기**

2015년 11월

11월 4일 - 도지마롤 사원이 되고 싶어   149

11월 6일 - 베이비돌 고마워!   151

11월 18일 - 고마운 한국 친구들   154

11월 28일 - 도지마롤 졸업식   155

2015년 12월

12월 4일 - 무계획 도쿄여행   158

12월 12일 - 서울잡스와 인터뷰하다   165

12월 22일 - 사요나라보다 See you again   167

PART 9

**일본 워킹홀리데이
비자 혼자서
신청하기**

1. 사증신청서 작성 방법   170

2. 이력서 작성 방법   172

3. 조사표 작성 방법   174

4. 합격자 샘플 모음(계획서/이유서)   175

부록_워홀러들 생생 인터뷰!   183

참가자: 권재완, 박은경, 김학재, 황유진, 지영동

PART 1

일본 워킹홀리데이
준비하기

1. 일본 워킹홀리데이의 정의

1999년 4월부터 시작된 한·일 양국 간의 워킹홀리데이(Working Holiday) 제도는 1년에 4분기로 나누어져 있으며 발급자 수 상한선이 10,000명으로 제한되어있다. 발급일로부터 1년간 유효한 워킹홀리데이 비자를 통해 1년 동안 일본 생활을 할 수 있는데, 합법적으로 경제적 활동이 가능하여 아르바이트를 하면서 부족한 여행경비와 생활비를 충당할 수 있다.

2. 만수상이 생각하는 워킹홀리데이란?

내가 생각하는 워킹홀리데이란 20대만이 누릴 수 있는 특권이다. 1년 동안 현지에서 언어와 문화를 배움과 동시에 어학, 여행, 돈, 해외 취업까지 한 번에 경험할 수 있으며 한국에서 경험할 수 없는 일본 생활을 통해 더욱 성숙하고 넓은 시야를 가질 수 있는 기회가 주어지기 때문이다. 기회는 모든 워홀러들에게 주어지나 좋은 기회를 잡으려면 다른 사람보다 더 열심히 현지에서 노력해야 한다. 다만 일본 생활이 좋은 점만 있는 것이 아니라는 것을 꼭 알아두길 바란다.

일본은 우리나라와 문화가 다르며 일하는 스타일과 사고방식이 현저하게 다른 국가이다. 또한 친구 하나 없는 곳에서 혼자서 살아야 한다는 것이 말처럼 쉬운 일이 아니다. 나 또한 일을 하면서 트러블을 경험한 적이 있지만, 이런 경우에는 로마에 왔으면 로마의 법을 따라야 하듯이 일본에서는 일본의 문화와 스타일을 따라가야 하는 것이 당연하다.

1년이란 시간이 누군가에게는 짧게 느껴지고, 다른 누군가에는 길게 느껴질 것이다. 그렇기 때문에 위홀을 가기 전에 내가 어떤 일을 해보고 싶고 어떤 여행을 해보고 싶은지, 계획을 짜두고 간다면 더 알찬 위홀 생활을 보낼 수 있을 것이다.

3. 일본 워킹홀리데이 무작정 따라하기!

---

① 20대면 누구나 일본 워킹홀리데이 신청할 수 있어?

22페이지의 신청자격을 빠르게 읽어봐. 축하해, 이제 너도 워홀러가 되기 위한 첫 단계는 클리어야!

---

② 비자서류 준비할 게 너무 많아! 포기할래

걱정하지 마, 만수상의 합격 샘플을 참고하면 혼자서도 할 수 있어.

---

③ 정말? 그럼 사증신청서, 이력서, 조사표 양식은 어디에 있어?

주한일본대사관 사이트→ 영사 및 비자→ Working Holiday 사증 안내를 들어가면 양식을 다운로드 할 수 있어.

작성 방법은 170페이지를 참고해봐.

---

④ 일본어에 자신이 없는데, 사유서·계획서는 영어로 작성해도 될까?

물론 일본어로 작성하기 힘들면 영어로 작성해도 되지만 일본 워킹홀리데이 비자 신청이니 일본어로 적는 것이 합격률이 높아! 워홀러 만수상뿐만 아니라 재완이, 학재의 합격샘플과 작성요령 팁도 적어 두었으니 175페이지를 참고해봐!

---

⑤ 초본, 재학증명서, 졸업증명서, 출입국사실증명서는 어디서 발급받아야 해?

집에 프린터만 있으면 돼. 포털사이트에서 "민원24"을 검색해봐. 한 번에 해결할 수 있어.

⑥ **잔액증명서는 250만 원 이상 소지해야 하는 거야?**

일본에서 생계를 유지하기 위해 필요한 최소비용이 1인 250만 원 이상으로 책정되어 있어.

⑦ **일본어 자격증이 하나도 없는데 합격할 수 있을까?**

워홀러 재완이도 일본어 자격증 하나도 없이 합격했는데 뭘! 대학교에서 교양과목으로 일본어를 수강하였거나 일본어 학원에서 공부한 경험이 있으면, 자격증 대신 수강증을 제출하면 되니 걱정하지 마.

⑧ **대사관은 어디를 가야 해?**

본인이 현재 거주하는 주소지가 아닌, 주민등록상에 기재되어있는 주소에 맞는 대사관을 찾아가야 하니 이 부분은 반드시 주의해!

⑨ **서류 제출 시 면접도 보니?**

서울대사관의 경우 대사관 직원이 사유서와 계획서를 보고 일본어로 몇 가지 물어보는 경우도 있으니, 답변을 일본어로 간략하게 준비해서 가면 합격률이 더 높겠지?

⑩ **결과 발표는 언제 나와?**

서류 신청 기간 한 달 후에 결과가 나와. 행운을 빌어 친구야!

4. 일본어 공부 방법 Tip

· **3개월 이내에 출국하는 경우, 기초 문법을 정리하며 회화 위주로 공부를 해야 한다.**

수월하게 회화를 배우기 위해 가장 좋은 방법은 일본인 펜팔 친구를 만들어 서로 이야기를 주고받는 것이 가장 좋다. 특히 요즘에는 SNS, 화상외국어전화를 통해 쉽게 외국인 친구와 대화할 수 있기 때문에 접근성에 있어 어렵지 않다. 도전정신과 자신감만 가지고 있으면 된다.

· **회화를 연습할 때, 문법과 단어 틀리는 것을 두려워 하지마라!**

틀리면서 배우는 부분이 더 많다. 자신감 갖고 큰 목소리로 이야기 하라!

- **어휘공부는 회화 시 다양한 표현을 도와준다.**

  6개월~1년 후에 출국하는 경우, JLPT 자격증을 따고 어휘(한자)를 꾸준히 눈에 익히는 것이 좋다. 자격증 공부를 하다 보면 자연스럽게 문법이 머릿속에 잡혀 회화를 할 때 다양하게 표현할 수 있다.

- **어휘공부 시, 반복적인 공부습관이 필요하다.**

  일본어에서 가장 공부하기 힘든 부분이 어휘(한자)이다. 수많은 한자들과 다양한 의미가 있어서 헷갈리는 것이 당연하다. 나의 경우는 손바닥 크기의 수첩에 오늘 공부한 한자들을 적어두고, 시간이 날 때마다 수첩을 보며 공부하다 보니 자연스럽게 많은 한자를 외울 수 있게 되었다.

PART 2

일본 워킹홀리데이 비자 신청

1. 비자 신청하기

■ 신청기간?

1년에 4회(4분기로) 1분기 1월, 2분기 4월, 3분기 7월, 4분기 10월이 신청기간이다.

2016년 신청기간은 아래와 같다.
- 제1사분기 1월 11일(월)부터 15일(금)까지
- 제2사분기 4월 18일(월)부터 22일(금)까지
- 제3사분기 7월 11일(월)부터 15일(금)까지
- 제4사분기 10월 10일(월)부터 14일(금)까지

접수기간은 매년 12월 일본대사관 홈페이지에서 공지하고 있다.

주대한민국 일본국대사관 http://www.kr.emb-japan.go.jp/visa/visa_working.html

■ 워킹홀리데이(Working Holiday) 비자 발급 조건
① 대한민국 국민이며, 주된 목적은 일본에서 휴가를 보내기 위한 의도를 가져야 한다.
② 신청자의 나이는 18세 이상 25세 이하로 제한되어 있지만, 부득이한 사정이 있을 경우 30세까지 신청할 수 있다.
③ 신체가 건강하며, 자녀를 동반할 수 없다.

④ 이전에 워킹홀리데이 제도를 이용한 적이 없어야 한다.

⑤ 항공권 구입 및 일본에서 초기 생계를 유지할 수 있을 만큼의 자금을 소지해야 한다(약 250만 원).

⑥ 일본에서 생활하기 위해 최소한의 일본어 능력이 필요하며, 적극적으로 일본어를 습득할 자세가 있어야 한다.

2. 서류 준비하기

① 사증신청서(사진은 6개월 이내에 촬영한 것, 가로4.5cm×세로 4.5cm 무배경이어야 한다.)

② 이력서(일본어 또는 영어로 기재 가능)

③ 이유서(워킹홀리데이를 이용하고 싶은 이유를 적는다.)

④ 계획서(일본에 입국해서 1년간의 계획을 적는다.)

⑤ 조사표

⑥ 주민등록초본(주민등록증 앞·뒷면 복사 또는 주민등록등본으로도 가능하다.)

⑦ 재학증명서(휴학증명서 또는 최종학력을 증명 하는 자료[졸업증명서])

- 일본에 유학 경험이 있는 자는 재학증명서 또는 졸업증명서를 제출해야 한다.
- 한국 및 일본 이외의 국가 등의 대학이나 대학원을 졸업 및 수료한 경우 일본어, 한국어, 영어 이외로 쓰인 증명서라면 번역을 첨부해서 제출해야 한다.

⑧ 항공권을 구입할 수 있는 자금 및 일본에서 생계를 유지하기 위한 초기 자금(1인: 250만 원)을 증명하는 은행 발행의 입출금 거래내역서(3개월분)

- 신청자 본인의 통장이 아닌 가족의 예금 잔고 증명서를 사용할 경우, 가족관계 증명서를 첨부해서 제출해야 한다.

⑨ 여권복사(신분사항 및 지금까지 일본출입국 도장이 있는 페이지 전부 복사)

⑩ 출입국사실증명서

- 신청 전, 3년 이내에 90일 이상 일본 이외의 국가 등으로 출입국 사실이 있는 경우는 해당하는 사증 및 출입국 도장이 있는 페이지 전부 복사

〈해당자만 제출해야 할 서류〉

① 병역증명서 (⑥ 주민등록초본으로 겸용 가능)
② 일본어 능력 입증자료(일본어 능력시험 JLPT 또는 일본어학교 수료증)

■ 신청장소

주민등록상 주소에 따라 다음 세 곳에서 신청해야 한다.

① 주대한민국일본국대사관영사부: 서울특별시 종로구 율곡로 6 트윈트리타워 A동 8층

(현주소가 부산총영사관, 제주총영사관의 관할 이외인 자)

② 재부산일본국총영사관: 부산광역시 동구 고관로 18

　(현주소가 부산광역시, 대구광역시, 울산광역시, 경상남북도인 자)

③ 재제주일본국총영사관: 제주특별자치도 제주시 1100로 3351

　(현주소가 제주특별자치도인 자)

PART 3

출국준비

1. 도시 선정

　일본하면 떠오르는 대표적인 도시에는 도쿄, 오사카, 후쿠오카가 있으며 지역마다 특색이 달라 예비 워홀러들은 출국 전 지역 선정을 가장 큰 고민으로 꼽고 있다. 이러한 고민을 해결하기 위해서는 지역 선정에 앞서, 먼저 여행을 경험하고 자기에게 맞는 지역을 선택하는 것이 가장 좋다. 만수상이 추천하는 도시는 도쿄와 오사카이다. 외국인 관광객들이 많아 아르바이트를 구하기가 쉬우며 다양한 나라의 외국인 친구들을 사귀어 여행도 하고 좋은 추억을 함께 만들 수 있다.

　★ 도쿄의 최저시급은 907엔, 오사카 858엔, 후쿠오카 743엔이다.

도쿄

　일본의 수도 도쿄는 세계 경제의 중심으로서 패션, 예술, 문화 등 모든 분야에서 유행의 흐름을 빠르게 경험할 수 있다. 요코하마와 인접해 있어 생활, 놀이 등에 편리하며 일본에서 외국인에게 제일 개방적인 도시이다. 외국인이 많아 아르바이트를 쉽게 구할 수 있으며 시급 또한 다른 지역들보다 높다는 장점이 있지만 집세와 교통비가 비싼 단점이 있다.

　※ 표준어를 사용하고 있어 일본어 습득에 가장 효율적이다.

오사카

일본 옛 수도는 교토이다. 교토는 오사카 옆 도시로 일본 전통의 문화가 잘 보존되어 있으며 칸사이 지역에서 가장 일본다운 모습을 체험할 수 있다. 오사카의 장점은 교토, 고베와의 접근성이 좋으며, 관광객들이 먹방투어를 하기 위해 오사카를 찾을 정도로 맛있는 먹거리가 많다. 오사카 사람들은 칸사이벤(사투리)을 사용하여 부산 사람처럼 친근하게 느껴질 것이다.

> ※ 칸사이벤은 표준어보다 말이 빠르며 축약하는 부분이 있어 처음 들으면 다소 혼란이 있을 수도 있다.

후쿠오카

1년 내내 따듯한 기후이다. 부산에서 출발할 경우 비행기로 50분이면 도착할 수 있어 한국 관광객이 특히 많은 곳이다. 하카타역과 캐널시티 부근은 한국인에게 인기가 많아 한국인 스태프를 선호하는 경향이 높다.

> ※ 집세가 저렴하여 초기 정착에 많은 비용이 들지 않지만 시급은 다른 도시에 비해 낮다.

2. 초기 자금

■ 워킹홀리데이 초기 자금은 얼마가 적당할까?

초기 자금은 25~30만 엔이 적당하다고 생각한다. 만수상이 일본 워킹홀리데이를 갔을 때는 은행에서 15만 엔을 환전하고 집에 남아있는 엔화 3만 엔을 합쳐서 18만 엔이 전부였다. 방을 구해서 월세(5만 1천 엔)와 보증금(2만 엔)을 지불하고, 다음 달 월세를 남겨두니 주머니에 남아 있는 전 재산은 고작 5만 엔뿐이었다. 쇼핑과 여행은 꿈도 꿀 수 없는 상황이었기에 일본에 도착하자마자 아르바이트를 찾아야 했다.

다음 보기 중 가장 현명한 사람은?

① 18만 엔(180만 원)으로 일본 생활을 시작한 만수상, 1달간 인스턴트 야키소바를 먹다.

② 16만 엔(160만 원)으로 일본 생활을 시작한 재완이, 1달간 볶음밥만 먹다.

③ 30만 엔(300만 원)으로 일본 생활을 시작한 영동이, 하루에 4끼를 먹다.

★ 정답은 이 책의 부록 워홀러들의 인터뷰 속에 담겨있다!

3. 출국 전 준비물

일본 워킹홀리데이 출국 전, 쉽게 적응하기 위해서 꼭 챙겨야 할 준비물들이 있다. 일본에 도착해서 구입해도 상관은 없지만 미리미리 준비한다면 곤란한 상황들을 대비할 수 있다.

준비물

여권

도장

국제면허증

체크카드(비자)

USB

노트북

비상약품

가이드북
일본어교재

증명사진

110V플러그&어댑터

전기장판

셀카봉

4. 항공권 예약

　한국에서 일본까지 가는 항공편에는 에어부산, 피치항공, 제주항공, 진에어 등등 저비용 항공사(LCC)들이 많다. 이 항공사들은 특가 할인과 사전 예약을 이용하면 할인 폭이 크며, 항공편도 시간대별로 다양하게 있어 효율적이다.

　비록 좌석 사이의 공간이 좁고, 일반 항공사에서 제공하는 기본 서비스를 이용할 경우 추가 비용을 지불해야 하지만 일본까지는 1~2시간이면 도착하기 때문에 저비용 항공사를 이용하여 초기 비용을 줄이고 절약한 비용은 일본 현지에서 유용하게 사용하는 것이 현명하다.

■ 만수상의 항공권 Tip

스카이스캐너를 통해 여러 항공사들의 가격을 비교해보고 예약하는 것이 효율적이다. 평일 출국의 경우 주말에 비해 상대적으로 저렴하다. 예매 전, 수화물 규정은 꼼꼼히 확인해보자. 위탁수화물 요금을 별도로 지불해야 하거나, 맡길 수 있는 가방의 개수가 1개로 제한되어 있는 항공사는 워홀러에게 적합하지 않다.

스카이스캐너 https://www.skyscanner.co.kr

PART 4

일본 생활

1. 방 구하기

■ 일본에서 좋은 방을 구하는 만수상의 Tip

방에서 조용하게 혼자서 쉬면서 공부를 하는 타입에게는 방을 빌려 쓰는 자취생활을 추천 하며, 외국인 친구들과 함께 언어교환을 하며 식사하는 것을 선호하는 경우에는 쉐어하우스 또는 게스트하우스를 추천한다.

■ 쉐어하우스 or 자취생활(맨션) 어디가 좋을까?

둘 다 장단점이 있기 때문에 본인이 추구하는 타입에 맞게 선택해야 한다. 쉐어하우스의 경우 일본인과 다른 나라 친구들이 함께 생활하기에 일본어 습득에 좋은 환경을 갖추고 있으며, 함께 여행을 하면서 좋은 추억을 만들 수 있다. 하지만 공동생활을 해야 하니 개인 프라이버시가 침해당할 우려가 있으며, 공동으로 사용하는 공간이 조금 지저분하다는 것과 친구 또는 가족을 데려와 자기 방에 재울 수 없다는 큰 단점이 있다.

반면, 자취생활을 하면 자유롭게 친구와 가족이 언제든지 놀러 올 수 있으며 조용하게 자신의 시간을 보낼 수 있다. 하지만 일본의 경우 부동산을 통해 방을 구할 경우 보증금, 사례금, 부동산 수수료 등을 한 번에 지불해야 하기 때문에 비용 부담이 크다.

▲ 자취생활(맨션) ▼ 쉐어하우스

2. 체류카드 등록방법

일본 공항에 도착하면 입국 심사
를 받는 동시에, 체류카드를 발급해
준다. 14일 이내에 거주지에서 가까
운 쿠약소(구청) 또는 시야쿠쇼(시
청)에 가서 체류카드 등록을 해야
한다. 민원실의 직원에게 "住所登
しにました(じゅしょとうろくしにき
ました)"라고 말하면 체류카드 작
성 방법에 대해 설명해 준다. 서류

에 본인의 이름, 입국한 날짜, 한국 주소, 일본 주소를 작성하고 10분 정
도 기다리면 체류카드 뒷면에 주소가 적혀있다.

★ 체류카드는 일본에서 신분증의 역할을 하고 있어 주소 등록을 끝내야 핸드폰 개
통, 통장 개설, 아르바이트 계약 등등 여러 활동을 할 수 있다. 거주지가 정해지면 최대
한 빨리 주소 등록을 해야 한다.

■ 재발급은 어떻게?

① 경찰서에 가서 분실증명서를 작성한다.

② 재발급을 받기 위해서는 여권, 사진 2장(3개월 이내에 찍은 사진),
분실증명서가 필요하다.

③ 출입국관리국에서 재발급 신청서를 작성한다.

3. 통장 개설

통장을 만들기 위해서는 여권, 체류카드, 도장, 근무지 주소가 필요하다. 일본의 은행은 체류기간이 6개월 미만인 경우 통장을 개설해 주지 않거나 예금 수수료를 받는 은행들이 있다. 워홀러들에게 가장 적합한 은행은 '우체국 통장'과 '미츠비시UFJ' 은행이다. 비교적 다른 은행 보다 통장개설 절차가 간단하며,

체류기간이 6개월 미만이어도 개설할 수 있다.

■ **주의할 점**

거주지 또는 근무지에서 가까운 은행을 방문하는 것이 좋다. 다른 지점의 은행에서 만들 경우, 작성한 서류를 거주지 은행으로 팩스를 보낸 다음 확인 절차가 끝나야 통장을 만들어 주기 때문에 시간이 상당히 오래 걸린다.

4. 핸드폰 개통

일본에서 핸드폰을 구매하는 방법도 있다. 소프트뱅크나 Au 핸드폰 매장에서 2년 약정으로 구매해야 하니 위약금을 지불하고 귀국해야 한다. 일본에서는 유심락 해제가 안 되는 기종이 많아 한국이나 다른 나라에서 사용할 수 없어, 핸드폰을 구매할 경우 꼼꼼하게 체크하고 구매해야 한다.

만수상이 추천하는 방법은 유심카드만 구매해서 사용하고 있는 핸드폰에 유심만 바꿔서 사용하는 방법이다. 유심카드를 판매하고 있는 회사는 B모바일, U모바일 등이며 이 회사들은 다양한 요금제 상품들이 많아 자신에게 맞는 요금제를 선택할 수 있는 장점이 있으며 약정기간 최소 6개월만 사용하면 언제든지 위약금 없이 해제할 수 있다.

■ **주의할 점**

① 체류카드를 반드시 먼저 등록해야 한다. 유심카드 구매 과정에서 체류카드 앞·뒷면을 사진으로 찍어서 전송해야 구매할 수 있다.

② 유심카드 홈페이지를 접속해서 주문하는 것이 편리하다. '빅쿠카메라&요도바시(전자상가)'에서 B모바일과 U모바일의 유심카드를 판매하고 있지만, 유심카드는 없고 홈페이지에서 주문신청을 할

수 있는 인증번호와 설명서만 들어있다. 전자상가에서 구매하여도 유심카드 회사 홈페이지를 통해 주문절차를 거쳐야 하니 매장에 방문할 필요 없이 홈페이지에서 바로 주문하는 것이 간단하다.

③ 전자상가에서 바로 개통을 할 수 있는 '빅심카드'가 있다. 최소 약정이 1년이니 잘 판단해서 본인에게 맞는 회사의 유심카드를 선택하는 것이 현명하다.

5. 아르바이트 구하기

■ 만수상이 생각하는 일본 아르바이트란?

아르바이트를 구하기 위해서는 우선 주소가 등록되어있는 체류카드, 일본 핸드폰 번호, 통장, 도장이 반드시 필요하기 때문에 미리 준비해 두어야 한다. 아르바이트 구하기는 일본 워킹홀리데이에 있어 첫 단추라고 할 수 있다. 어떤 아르바이트를 시작하느냐에 따라 두 번째 단추부터 세 번째 마지막 단추까지 즐겁고 편하게 이어질 수 있다.

아르바이트를 구하기 전에 자신이 어떤 아르바이트를 해보고 싶은지 신중히 생각해야 한다. 나의 경우 외식업을 배우기 위해 이자카야(선술집)에서 일을 하기 시작하였지만 이자카야 특성상 저녁에 일하고 새벽에 퇴근하니, 여행을 간다거나 친구들과 문화생활을 즐길 여유가 전혀 없었다. 내가 워킹홀리데이 비자로 일본에 온 목적은 일과 여행을 함께 하는 것이기 때문에, 이자카야 일을 그만두고 도지마롤 몽슈슈와 베이비돌이라는 업체에서 의류판매를 시작하였다. 오전 9시에 출근해서 오후 9시에 퇴근 하는 경우도 있어 육체적으로 힘들기도 했지만 쉐어하우스 식구들과 함께 있는 시간이 늘어나 다양한 것을 경험할 수 있는 계기가 되었다. 일본 생활이 만족스러워지니, 일 또한 즐기면서 할 수 있게 되었다.

★ 이 책에는 워홀러 5인방의 인터뷰가 수록되어 있다. 각자 아르바이트 경험담이 밀착취재 되어있으니 참고하시라!

■ 피해야 할 아르바이트

① 최대한 한국인이 없는 곳에서 일하는 것을 추천한다.

일본어 실력이 부족해서 한국 레스토랑에서 일을 할 수밖에 없는 경우 일본인 스태프들이 어느 정도 있는지 확인하라. 한국인들만 일하는 곳에서 일을 한다면 일본어를 사용할 기회는 줄어든다.

② 일본은 교통비가 비싸기로 유명하다.

일본에서는 아르바이트라도 교통비를 지급하는 곳이 많다. 간혹 시급이 조금 높지만 교통비를 지급 안 하는 곳이 있으니 잘 확인하고 지원해야 한다.

③ 월급의 20%세율을 부과하는 기업들이 있다.

1년 미만의 체류자라는 이유로 20%세율을 부과하는 일부 기업들이 있다. 예를 들어 이번 달 월급이 10만 엔이라고 가정하면, 2만 엔을 세금으로 떼이고 8만 엔을 받게 된다. 20%세율을 부과하는 기업이면 바로 다른 아르바이트를 찾아라.

■ 아르바이트는 어디서 찾나요?

① 일본에서 가장 간단하게 아르바이트를 구하는 방법은 한국의 알바천국과 비슷한 구인광고 사이트 'Town Work' 'Au' 'From A navi'가 있다. 사이트에 접속하여 일하고 싶은 직종과 지역을 선택하면 아르바이트를 채용하고 있는 기업들의 정보와 시급, 교통비, 근무환경에 대해 자세히 볼 수 있다. 이름과 연락처, 이메일 주소를 작성 후 지원을 하면 2~3일 후 회사에서 연락이 온다. 면접날을 정하기 위해 스케줄을 조정하는 것이니 긴장하지 말고 대답하면 된다.

② 외국인이 많은 난바, 신사이바시를 돌아다니면 '아르바이트 모집 중(アルバイト募集中)'이라는 한자를 쉽게 볼 수 있다. 이력서 한 장 들고 들어가서 아르바이트를 찾는 중이라고 이야기하면 면접을 보고 바로 채용 될 수도 있다. 이는 일본에서 가장 빨리 아르바이트를 구하는 방법이다.

③ 파견회사 레스타 & Charge

파견회사에 등록만 하면 회사에서 매일 필요한 인원과 일에 대한 정보를 메일로 보내준다. 이벤트 행사 또는 보조요원과 같은 단순 업무 일이 많으며, 급여 또한 2주마다 받을 수 있는 장점이 있다. 그러나 고정적으로 일을 할 수 없는 단점이 있기에 아르바이트를 구하기 전까지 용돈벌이로 하는 것이 좋다.

차지 http://charge-staff.co.jp
레스타 http://www.resta.co.jp

6. 만수상의 면접 노하우 따라하기

① 면접 시간보다 10분 미리 도착하라.

일본 역시 시간 약속을 중요하게 생각한다. 미리 도착해서 매장의 분위기와 상품들을 공부하는 것은 당연하다. 간혹 면접에서 우리 매장 상품에 대해 어떻게 생각하는지 물어보는 점장님들이 있다.

② 지원동기를 준비하라.

제일 먼저 지원동기에 대해 질문할 것이다.

③ 비자 기간이 여유로울수록 채용이 쉽다.

보통 한 사람을 채용하고 교육하는데 2주에서 1달 정도 걸린다. 비자가 한두 달 애매하게 남아 있다면 채용하지 않는 경우가 많다.

④ 근무는 되도록 오랜 기간 할 수 있다고 대답하라.

언제까지 근무를 할 수 있는지에 대해서 물어본다면, 비자가 끝나기 전까지 근무가 가능하다고 대답하는 것이 좋다. 회사 입장에서는 오랫동안 함께 일할 사람이 필요하다.

⑤ 주말과 공휴일도 출근할 수 있다는 대답을 선호한다.

일본의 대표적 공휴일은 설날, 골든위크, 실버위크 등이 있다. 공휴일이나 주말은 스태프가 부족하기 때문에 출근할 수 있다고 대답하는 것이 좋다. 일의 스케줄은 일을 하면서 변경이 가능하니 좋은 인상을 주어 면접에 합격하는 것이 우선이다.

⑥ **간단한 외국어는 구사하는 것이 유리하다.**

외국인이 많은 신사이바시 신주쿠의 경우, 영어 또는 중국어를 구
사할 수 있는 스태프를 선호한다. 간단하게 외국인 손님에게 안내
가 가능한 정도면 충분하다.

⑦ **가장 중요한 것은 'やる気(의욕)'이다.**

일에 대한 의욕과 마음가짐이 가장 중요하다. 아르바이트 경험이
없거나 일본어 실력이 부족하더라도 자신감 있게 말하는 것이 좋
다. 부족한 부분은 일을 하면서 배워 나간다는 자세를 중요하게
생각한다.

PART 5

만수상의
일본 워킹홀리데이 적응기

12월

오사카 안녕? 일본 워킹홀리데이 첫 걸음

#메이 #쿠마모토

12월 5일 - 일본 워킹홀리데이 비자 취득

12월 22일 - 오사카로 떠나다

12월 23일 - Taiyo Hotel & 게스트하우스 도착

12월 26일 - 집을 구하자

12월 29일 - 도장은 어디 갔니?

12월 5일
일본 워킹홀리데이 비자 취득

  비자 신청에 필요한 모든 서류(이유서, 계획서)를 혼자서 작성하여 제출하였기에 합격 발표날까지 긴장을 풀 수가 없었다. 인터넷을 통해 워킹홀리데이 선배들의 합격 정보를 찾으면서 하나하나 준비하였지만 잘못된 정보들이 많아 처음에는 비자대행 회사를 이용해서 비자 신청을 해볼까 고민하였다. 하지만 대행회사를 통해 신청하여도 한 번에 합격한다는 보장이 없었기에 내가 모든 것을 철저하게 준비한다면 합격률이 더 높을 거라는 생각이 들었다.

  비자 신청을 준비하면서 가장 힘들었던 부분이 이유서와 계획서 작성이었지만, 작성을 하면서 내가 왜 일본에 가는지, 일본에 가서 어떤 것을 할지 다시 한 번 생각하게 해주는 좋은 기회가 되었다. 모든 서류 작성을 끝마친 다음 빠진 서류가 없는지 여러 번 꼼꼼하게 체크한 후 제출 하였다.

12월 22일
오사카로 떠나다

워킹홀리데이 비자 취득 후 일본의 어느 지역에서 생활할지에 대한 행복한 고민이 생겼다. 모든 일에는 첫 시작이 중요한 만큼 지역 선택에 대해서도 신중하게 결정할 필요가 있다. 일본 생활에 빠르게 적응하기 위해서는 자신에게 맞는 도시를 찾는 것이 우선이다.

도쿄

일본의 수도이기에 다양한 경험을 할 수 있으며, 많은 외국인들이 생활하고 있어 정보교환 및 아르바이트를 쉽게 구할 수 있는 장점이 있다.

오사카

말이 표준어보다 빠르며 축약하는 부분이 있다. 처음 칸사이벤(사투리)을 듣는 경우 이해하기 어려운 단점이 있지만, 오사카 사람들은 친근하기에 쉽게 친구를 사귈 수 있다.

후쿠오카

아시아에서 가장 살기 좋은 도시 1위이며 세계에서 가장 살기 좋은 7대 도시라고 한다. 공기와 물이 깨끗하며 자연과 도시성이 가장 잘 어우러진 도시이다. 도쿄와 오사카에 비해 분위기가 차분하고 조용하다.

★ 28페이지에 도쿄, 오사카, 후쿠오카 지역의 특성 및 최저시급과 물가를 비교해서 설명하였다.

+ 일주일간의 게스트하우스 생활!

일본 출국을 앞두니 즐거움보다는 일본에서 혼자서 모든 것을 해결해야 한다는 두려움과 걱정이 앞섰다. 일본에 도착하자마자 1년간 생활해야 할 방을 구하는 것이 첫 임무였다. 자금적인 여유가 있다면 쉽게 방을 구할 수 있으나, 위홀의 특성상 제한된 예산 안에서 역세권의 깨끗한 집을 구하는 것이 쉬운 일은 아니다. 그래서 오사카의 저렴한 게스트하우스인 Taiyo 호텔에서 일주일간 숙박을 하며 집을 찾으러 돌아다녔다. 이 호텔의 가장 큰 장점은 숙박비가 저렴하면서도 방이 깨끗하다는 것! 그리고 와이파이까지 갖추어져 있었다. 불편한 부분은 화장실과 샤워룸이 공용이라는 점인데 이 부분만 감수한다면 가성비가 훌륭한 게스트하우스다.

12월 26일
집을 구하자

일본 부동산을 통해 방을 계약하기 위해서는 한 달 집세, 보증금, 사례금, 중개 수수료, 화재보험료 등을 한 번에 지불해야 하므로 경제적으로 부담이 느껴진다. 게다가 나를 대신할 보증인(일본 사람)이 필요한데 선뜻 일본인 친구에게 부탁하는 것이 쉽지 않다. 이러한 어려움들이 있어 쉐어하우스에 입주하게 되었다. 쉐어하우스의 경우, 한 달 월세와 보증금만 지불하면 되고 보증인도 필요 없어 계약 절차가 간단하다.

+ 쉐어하우스의 장점?

① 일본인 또는 외국인 친구들과 생활하며 서로 언어교환을 통해 일본어와 영어를 공부할 수 있다.

② 쉐어하우스에는 다양한 친구들이 생활하고 있어 정보교환을 빨리 할 수 있다.

③ 주방을 공용으로 사용하고 있어 음식을 나누어 먹으며 쉽게 친구

가 될 수 있다.

④ 혼자서 여행가기 두려울 경우, 쉐어하우스 친구들과 여행하며 좋은 추억을 만들 수 있다.

⑤ 단기 계약이 가능하다.

+ 쉐어하우스의 단점?

① 일본 쉐어하우스의 경우 월세가 저렴한 편은 아니다.

② 공동으로 사용하는 샤워룸이나 주방이 다소 지저분하다.

③ 본인과 안 맞는 친구랑 생활을 해야 한다.

④ 프라이버시를 침해당할 경우가 발생한다.

게스트하우스뱅크 http://www.guesthousebank.com/a_area/n_tokyo
히츠지부동산 https://kansai.hituji.jp

12월 29일

도장은 어디 갔니?

일본은 철저한 서류 사회이다. 통장개설, 집 계약, 근로계약 작성 등등 모든 서류에는 인감도장이 반드시 필요하다. 일본에서 도장을 만들 경우 2,000~3000엔(한화 2~3만 원) 정도 비용이 들기 때문에 한국에서 만들어 챙겨가는 것이 좋다. 일본 도장의 경우 성(姓)만 있어도 사용이 가능하다.

+ 일본에서 저렴하게 도장을 만드는 방법은 없나요?

① 100엔 샵 다이소에서 김, 박, 이 씨 등과 같은 흔한 성씨의 한자 도장을 판매하고 있다.

② 돈키호테에는 도장자판기가 있다. 비용은 500~4,000엔이며 원하는 도장을 선택하여 자신의 한자를 체크하면 기계가 바로 도장을 만들어 준다.

2015년 1월

1월 あけまして おめでとうございます

일본에서 새해를 맞이하다

#잇페이상 #개그맨 #구리코

1월 1일 - 일본의 お正月(설날)은?

1월 3일 - 첫 만남은 어색하게!

1월 6일 - 아르바이트 면접 준비는 완벽하게!

1월 29일 - 일본 최고의 돈까스 '만제'

1월 1일
일본의 お正月(설날)은?

일본은 12월 29일부터 1월 3일까지 お正月(설날) 징검다리 공휴일이다. 우리나라의 경우 가족이나 친구들과 함께 해돋이 구경을 보러 가지만, 일본에서는 12월 31일 토시코시 소바를 먹거나 일본의 예능 프로그램 '笑ってはイケナイ'를 시청하면서 새해를 맞이한다. 1월 1일에는 신사(절)에 가서 올해의 소원을 빌며, おみくじ를 통해 올해의 운세를 본다. 또한 지인들에게 'あけましておめでとうございます(새해 복 많이 받으세요)'라는 말을 서로 주고받으며 새해를 시작한다.

★ 1월 1일의 경우 백화점이나 마트, 음식점 등 대부분의 점포들이 닫혀있기 때문에 필요한 것들은 전날에 미리 사두어야 한다.

★ 유럽에서 블랙프라이데이가 있다면, 일본에서는 1월 1일 후쿠부쿠로(복주머니) 이벤트와 재고소진을 위해 50~80% 폭탄 세일을 진행하는 의류브랜드들이 많다.

+주의사항

12월 31일 오사카의 도톤보리 강에서 카운트다운을 함과 동시에 강으로 뛰어드는 일본인들이 있다. 이러한 무모한 도전은 절대 해서는 안된다. 많은 사람들이 동시에 뛰어들기에 다칠 수밖에 없다. 2015년 1월 1일 0시경 10대 한국인 여행객이 도톤보리 강에 뛰어들어 사망한 사고가 발생하였다. 해외에 나가서 다치면 자신만 손해이니 무모한 도전은 사전에 예방하는 것이 좋다.

1월 3일
첫 만남은 어색하게!

　여러 쉐어하우스를 구경한 끝에
J&F House Osaka에 입주하였다. 이 쉐어하우스에는 일본인뿐만 아니
라 14개 국가 친구들이 함께 생활하고 있었다. 일본어를 계속 사용할
수 있으며 외국인 친구와 밥을 같이 먹거나 여행을 함께 갈 수 있다는
생각에 입주를 하였지만, 친구는 같은 날 입주한 프랑스 친구 안톤 뿐
이었다. 왜냐하면, 이미 하우스에는 자신들만의 그룹이 나뉘어져 있어
어떤 그룹에도 쉽게 들어갈 수 없는 상황이었으며 친구를 사귀기 위해
무작정 들이대다가는 이상한 사람으로 오해 받을 수도 있겠다는 판단
이 들었기 때문이다.

　많은 친구들과 친해지고 싶었던 나는 쉐어하우스의 분위기 메이커
를 담당하는 일본인 친구(잇페이상)를 파악해서 그 친구와 첫인사를
나누며 오늘 저녁 한국 요리 만들어 먹을 건데 어떠냐고 먼저 제안을
했다. 잇페이상 또한 한국 요리를 좋아하여 흔쾌히 승낙해 주었다. 일
부러 부대찌개를 3~4인분 더 넉넉히 만들었다. 잇페이와 같이 부엌에
서 밥을 먹다보니 쉐어하우스 친구들이 주변으로 모여 들기 시작하였
다. 자연스럽게 처음 보는 친구들과 인사를 나누며 부대찌개를 나누어
주니 그 친구들은 나에게 맥주를 건네주었다. 국적은 다르지만 오고 가
는 정은 어느 나라나 똑같다는 걸 느꼈다.

1월 6일
아르바이트 면접 준비는 완벽하게!

일본에서 생활할 초기 자금으로 18만 엔(180만 원)을 들고 갔다. 집을 구해 월세 5만 1천 엔(51만 원)과 보증금 2만 엔을 지불한 후, 다음 달 월세 5만 1천 엔을 남겨두니, 전 재산이 5만 엔밖에 없어 여행이나 쇼핑을 즐길 여유도 없이 바로 아르바이트를 구하기 시작했다. 요리를 배우고 싶어 구인광고 사이트 Au, Town work를 통해 레스토랑의 키친 파트에 지원하였다. 20여곳에 지원하니 두 군데에서 연락이 오고 한 군데에서 면접을 보러 오라는 메일을 받았다.

일본에서 처음 보는 면접이었기에 긴장이 많이 되었지만, 채용결과가 어떻게 되든 아쉬움이 남지 않는 면접을 봐야겠다는 마음이 컸기에 면접 때 물어볼 예상 질문을 만들어 미리 머릿속에 정리해 두었다. 다행히 면접은 예상했던 질문들이 나와 자신감 있게 바로바로 대답할 수 있었으며, 예상외의 질문을 물어 볼 때는 이해를 못한 척 하며, 다시 한 번 질문을 말씀 해달라고 정중하게 부탁함과 동시에 질문에 대한 답변을 생각하여 대답하였다. 자연스럽게 30분 동안 애기를 나눈 끝에 쉐프님이 웃으면서 합격이라는 말을 해주었지만, 너무 긴장한 나머지 합격 소식을 듣고도 웃을 수가 없었다.

★ 첫 도전은 언제나 설레고 떨리기 마련이다. 이제 여러분의 차례다. 이 순간을 자신의 것으로 만들자!

OPEN : 11:30~14:00
17:00~21:00

1월 29일
일본 최고의 돈까스 '만제'

  일본에 정착할 수 있게 많은 것을 도와준 나오키에게 보답을 하기로 약속하였다. 아르바이트도 하고 있어 이왕 대접하는 거 맛있는 음식을 사주고 싶어, 맛집 검색 사이트를 통해 오사카 최고의 돈까스 맛집인 만제를 발견했다. 가격 또한 1인당 2,000엔 정도면 될 것 같아 나오키에게 바로 연락을 하니 친구 또한 만제 돈까스의 명성을 잘 알고 있었기에, 우리는 오픈 시간에 맞추어 가게에 도착하여 바로 들어갈 수 있었다.

  친구가 세트 메뉴를 먹어보고 싶다 하여 가격을 보니 6천 엔(6만 원)이었다. 예상보다 비싼 가격에 조금 당황하였지만, 소중한 친구랑 같이 먹는 것이었기에 고민 없이 바로 주문하였다. 돈까스가 나오기 전까지 6천 엔(6만 원)짜리 돈까스는 어떤 맛일까 하는 생각이 계속 들었다. 세 종류의 돈까스와 밥, 샐러드가 세트로 나왔다. 이 돈까스의 가장 특이한 점은 돈까스를 소금에 찍어 먹는 것이다. 직원의 설명을 처음 들었을 때, 돈까스에 소금이 어울릴까 의문이 들었지만 막상 먹어보니 돈까스의 느끼한 맛을 소금이 잡아주어 돈까스 그 자체의 맛을 마지막 한 점까지 느낄 수 있었다. 돈까스가 6만 원이면 비싼 가격이긴 하지만 그 맛을 보면 6만 원 이상의 가치가 분명 있다.

★ 만수상에게 일본에서 가장 맛있는 음식을 물어 본다면? 1초의 망설임도 없이 만제 돈까스를 추천한다.

주소 大阪府 八尾市 陽光園 2-3-22
교통편 JR역 → 야마토지선 승차 → 야오역 하차 → 북쪽 출구에서 326m
영업시간 런치: 11:30~14:00 / 디너: 17:00~21:00 (월요일, 화요일 정규 휴무)

2월
힘들지만 행복해

#나오키 #회계사 #5년친구 #만제

2월 5일 - 도지마롤과 첫 만남

2월 6일 - 첫 월급은 슬프다

2월 15일 - 토요일은 외국인 클럽파티

2월 18일 - 일본 마트 정복하기

2월 5일
도지마롤과 첫 만남

내가 일했던 레스토랑은 일주일에 3~4회 출근이 고정으로 잡혀 있었지만 아르바이트 하나로는 일본에서 생활할 수가 없는 상황이라 또 다른 일을 병행해야 했다. 이전부터 도지마롤에 관심이 많아 일본 워홀 생활 중에 꼭 한번은 여기서 일을 해야겠다는 생각을 갖고 있었다. 그래서 아르바이트 구인광고 사이트를 통해 도지마롤 판매 사원으로 지원을 하였지만 결과는 실패로 끝이 났다. 어떻게 하면 도지마롤이 나에게 관심을 가져줄까 고민하던 중, 2년 전 일본 도지마롤 직원과 메일을 주고받았던 기억이 떠올라 혹시나 하는 마음으로 메일을 보내 보았다.

"안녕하세요. 2년 전 귀사의 인턴십 프로그램에 참여하고 싶어 메일로 상담을 했던 곽만수입니다. 제가 지금 일본에서 생활을 하고 있어 도지마롤에서 한번 일을 해보고 싶은데, 기회를 한번 주실 수 있으신가요?"

안 좋은 결과가 나오거나 답장이 안 올 것 같아 큰 기대는 하지 않았다. 하지만 3일 후, 메일을 보낸 직원에게 답장이 도착했다. 감사하게도 나를 기억하고 있다는 말과 함께 면접 기회를 주고 싶다며 해외 영업부에 연락을 달라는 것이다. 다른 아르바이트를 구할 수도 있었지만 일본 출국 전부터 도지마롤에서 일을 해보고 싶다는 목표가 있었기에 무턱대고 메일을 보냈고, 긍정적인 답변을 받을 수 있었다. 아르바이트를 구하기 전 자신이 어떤 일을 하고 싶은지 반드시 생각을 해야 한다. 자신이 좋아하는 일을 함으로써 많은 것을 배울 수 있으며, 좋아하는 일을 하면 힘들어도 즐기면서 할 수 있다.

안녕하세요.
네 기억합니다. 5월즈음에 연락을 주셨던 분 맞죠?
제조 이외 분야를 희망하셨던가요?
일본말은 어느 정도 가능하시건가요?

제가 현재 인턴십을 받아들일 수 있는지는 잘 모르겠습니다만,
일단은 희망하시는 부서, 기한, 일본어 능력을
써서 보내주십시오.

2월 6일
첫 월급은 슬프다

내가 일했던 레스토랑은 매
달 5일에 통장으로 급여를 입
금해 준다. 1월 6일부터 일을
시작하였으니, 딱 1달 근무한
셈이다. 쉐프님은 나에게 "내
일은 첫 월급날인데 뭐 하고
싶어?"라고 물었고 나는 와
규 소고기를 사서 스테이크

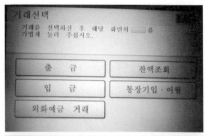

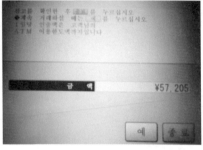

를 만들어 먹을 예정이라고 대답하였다. 아침에 눈을 뜨자마자 설레는
마음으로 ATM 기계를 찾아 카드를 넣고 잔액을 확인해보니 57,205엔
(57만 2천 원)이 첫 월급으로 들어와 있었다. 두 눈을 크게 뜨고 다시
보았지만 변화는 없었다. 예상했던 금액보다 적은 금액이었다.

월급을 확인 후 갑자기 우울해지며 한숨이 나오기 시작하였다. 월세
5만 1천 엔(51만 원)을 지불하면 남는 금액이 6천 엔(6만 원)뿐이니 고
기는커녕 계란 하나 먹기도 힘든 상황이다. 레스토랑에 전화하여 급여
에 대해 물어보니 1월 6일부터 1월 20일까지의 급여를 계산해서 입금
을 해준 것이었다. 그러니 1월 20일에서 2월 20일까지 근무한 급여는 3
월 5일에야 받을 수 있었다. 나는 망했다고 생각했다. 그것도 완전히 망
했다고!

덕분에 1달 동안 3팩에 150엔(1,500원)짜리 가장 저렴한 야키소바를 먹으면서 생활하였지만 내가 선택한 길이었기에 행복했다. 군인에게 눈물 젖은 건빵이 있다면 나에게는 눈물 젖은 야키소바가 있다.

★ 일본의 급여 시스템은 매달 20일이나 25일까지 근무한 시간을 계산하여, 다음달 15일이나 25일에 입금을 해주기 때문에 워홀 초기에는 절약하는 것이 현명하다.

2월 15일
토요일은 외국인 클럽파티

　일본에서 생활을 한 지 두 달 정도 되었지만 일본인 친구들을 많이
못 사귀었다. 어학연수의 경우 학원 친구들을 통해 쉽게 친구를 만들
수 있으나, 워홀의 경우 아르바이트를 하며 생활하기에 일하는 친구 또
는 쉐어하우스 친구들이 대부분이다. 워홀러들의 가장 큰 고민은 '친구
를 어떻게 사귈까?'이다. 혼자는 외로울뿐더러 친구가 많이 있어야 쉬
는 날에 함께 여행을 가거나 쇼핑을 하면서 시간을 보낼 수 있다.
　나는 친구를 사귀기 위해 외국인 클럽 파티 'Why not'에 참가 하였
다. 이 파티는 유럽 친구들이 주최하는 것으로 다양한 국적의 외국인

들과 일본인들이 참여하며, 7시부터 10시까지 3시간 동안 여러 나라의 친구들과 대화를 하면서 술과 음악을 즐길 수 있다. 입장료 3,000엔만 지불하면 3시간 동안 무제한으로 술을 마실 수 있으며, 10시 이후에는 클럽으로 바뀌어 일본의 클럽 문화를 즐길 수 있다. 매주 장소가 바뀌는데 페이스북에서 Why not 그룹과 친구가 되면 파티 장소와 시간을 알 수 있다.

★ 입장 시 체류카드 또는 여권을 확인하기에 반드시 챙겨야 한다.

2월 18일
일본 마트 정복하기

　술과 문화생활에서의 지출은 아낄 수 없으니 식비의 지출을 최소화
할 수밖에 없다. 첫 월급 덕분에 어느 새 나는 주부가 되어 있었다. 그동
안 쳐다보지 않았던 마트 팜플렛을 보고, 마트에서 할인 행사를 하는
날에는 어김없이 아침 일찍부터 마트로 뛰어가 일본인 아주머니들 사
이에 끼여 치열한 경쟁을 펼치곤 하였다. 포인트 카드를 만들어 포인트
를 10배 적립 해주는 행사 날까지 기다렸다가 한 번에 쇼핑을 했던 적
도 있다. 일본의 마트는 일주일에 한 번씩 할인 행사가 있어 마트의 할
인 행사만 잘 맞추어 가면 식비 지출을 줄일 수 있다. 오후 7시 이후에
는 도시락을 30~50%가량 할인된 가격으로 판매하고 있으니 요리하기
귀찮을 때는 저녁에 마트에서 도시락을 구매하는 것을 추천한다. 집 근
처에 업무용 슈퍼가 있다면, 업무용 슈퍼를 이용하는 것이 가장 좋다.
고기, 베이컨, 김치, 과일 등 마트와 동일한 품목을 판매하지만 가격은
마트보다 훨씬 저렴하다. 특히 김치 1kg을 500엔(5,000원)이면 구매할
수 있다.

만수상의 조언 "3개월만 참아라!"

일본 워킹홀리데이 생활 중 가장 힘든 시기는 일본에서 정착하고 3개월까지이다. 일본에 도착한 이후 모든 것을 혼자서 해결해야 하는 시기이기 때문에 이 시기에 많은 워홀러들이 포기하고 한국으로 돌아가는 경우를 많이 보았다. 절대 포기 하지 마시라. '고생 끝에 낙이 온다'라는 말도 있지 않은가! 스스로가 일본에 어떤 목적을 갖고 왔는지 잘 생각하고 초심을 잃지 말아야 한다.

PART 6

만수상의
일본 워킹홀리데이 정착기

3월

워킹홀리데이는 살아보는 거야!

3월 6일 - 도지마롤 판매사원이 되다

3월 17일 - 두 번째 월급은 기쁨도 2배

3월 22일 - 텐텐타운 코스프레 현장

3월 27일 - 반가워 사라, 핫산!

3월 6일
도지마롤 판매사원이 되다

2월 13일에 도지마롤 본사에
서 면접을 보고 바로 다음날 합
격 통보와 함께 근무지 배정까
지 받게 되었다. 오사카 한큐백
화점 도지마롤에서 근무를 하
게 되어 너무나 기쁜 나머지 친
구들에게 자랑을 하기 위해 쉐
어하우스의 키친으로 달려갔다.
친구들 또한 내가 도지마롤에

어떠한 방법으로 입사했는지 잘 알고 있어 진심으로 축하해주었다. 첫
출근까지는 3주라는 시간이 남아 있어 도지마롤 홈페이지를 통해 롤
케이크의 가격과 재료 원산지 등을 공부하며 출근 준비를 하였다.

떨리는 마음으로 한큐백화점에 첫 출근을 하게 되었다. 백화점 오픈
과 동시에 매장 앞에 줄을 서 있는 사람들을 보고 일본에서 도지마롤
의 인기를 실감할 수 있었다. 점장님께서 롤케이크 종류와 내가 앞으로
해야 할 일들에 대한 설명을 해주셨는데 미리 공부한 덕분에 바로바로
이해하여 점장님께 좋은 인상을 남길 수 있었다. 3시간의 교육과 리본
묶는 방법을 배우며 첫 출근을 무사히 끝내고 퇴근할 무렵 점장님께서
롤케이크의 맛을 제대로 알아야 손님들에게 잘 설명할 수 있다며, 도지

마롤 하나를 챙겨 주셨다.

　운이 좋은 것도 있었지만 포기하지 않고 다른 방법을 찾아서 여기까지 올 수 있게 도와준 친구들과 도지마롤 본사 직원들에게 감사를 표한다. 지금 생각하면 도지마롤 첫 출근을 통해 더 재미있고 긍정적인 마인드를 갖게 되었다. 배고픔이 최고의 소스라면 간절함은 최고의 기회이다.

3월 17일
두 번째 월급은 기쁨도 2배

첫 번째 월급 5만 7천 엔(57만 원) 덕분에 100엔의 감사함을 깨달을 수 있었다. 식비의 지출을 절약하기 위해 업무용 슈퍼와 마트 할인 행사를 뛰어 다니거나 레스토랑에서 끼니를 해결하며, 남은 음식은 집으로 가져와 다음날 점심으로 먹었다. 이때는 정말 주변에 내 이야기를 들어줄 친구 하나 없어 정신적으로 가장 힘들었다. '내가 여

기서 왜 이런 고생을 하고 있지? 한국에 있었으면 이런 고생도 안 하고, 친구들이 고민도 속 시원하게 다 들어 줄 텐데'라는 생각뿐이었다. 고향에 대한 그리움에 향수병이 올 것 같았지만 피할 수 없으면 즐기라는 말이 떠올라 그때마다 마음을 다잡을 수 있었다.

두 번째 월급을 확인하기 위해 아침에 일어나자마자 ATM 기계로 향했다. 이번 급여는 1월 20일에서 2월 20일까지 근무한 한 달 급여를 받기 때문에 기대를 안 할 수가 없었다. 기계에 카드를 넣고 잔액을 확인하니, 124,185엔(120만 원)이 들어와 있다. 교통비까지 포함 되어 있어

실질적인 급여는 114,185엔(110만 원)이다. 첫 번째 월급의 2배가 되는 급여였지만, 다음 달 급여는 얼마를 받을지 불확실하여 와규 대신 호주산 소고기와 맥주를 사서 집으로 돌아왔다. 비록 호주산이었지만 '이게 인생의 참맛이 아닐까?'라는 생각을 하며 소고기를 구웠다.

　도쿄에 오타쿠의 천국인 아키하바라가 있다면 오사카에는 텐텐타운이 있다. 아키하바라에 비해 규모는 작지만, 피규어샵, 전자상가, 메이드카페 등 모든 것을 갖추고 있다. 닛뽄바시 스트릿 페스티벌은 2005년 개최 이후 매년 인기가 증가함에 따라 오사카를 대표하는 이벤트로 주목 받으며 2015년 페스티벌에는 25만 명이 방문할 정도로 큰 인기를 얻고 있다. 스트릿 페스티벌은 매년 3월 셋째 주 일요일 닛뽄바시에서 11시부터 4시까지 진행되고 있으며, 닛뽄바시의 도로를 4시까지 막아버릴 정도로 많은 사람들이 아침부터 몰려들기 시작한다. 이 페스티벌에서는 유명한 애니메이션 캐릭터인 원피스, 나루토, 진격의 거인 등 다양한 캐릭터들을 구경하며 사진을 함께 찍을 수 있다.

3월 27일
반가워 사라, 핫산!

　일본에서의 생활이 벌써 100일이 되었다. 2개의 아르바이트를 병행
해서 그런지 정말 하루하루 시간이 빨리 지나가는 것 같다. 오전 10시
부터 오후 3시까지는 백화점에서 근무하고, 5시부터 밤 11시까지는 레
스토랑에서 근무한다. 장시간 서서 일을 하다 보니 쉬는 날이면 다리가
아파 밖으로 놀러갈 힘이 없어 주로 쉐어하우스에서 쉬면서 블로그 관
리를 하거나 하우스 친구들과 옥상에서 맥주를 마시며 휴식을 취했다.
이 날은 하우스 친구들에게 잡채를 만들어 주기로 약속한 날이어서 주
방에서 잡채를 만들고 있던 중, 쉐어하우스에 새로 입주한 이집트 친구
사라와 핫산이 다가와 인사하며 자기소개를 했다. 인사가 끝나자마자
한국 요리 잡채에 대해 소개해주며 같이 저녁을 먹자고 제안해 보았다.
사라와 핫산은 바로 OK라는 말과 함께 이집트 요리를 준비하겠다며
내 옆으로 다가왔다. 이렇게 저녁 식탁은 한국 요리와 이집트 요리의
콜라보로 완성되었다. 다양한 나라의 음식을 서로 교환하여 먹는 것이
야 말로 쉐어하우스의 가장 큰 장점 중 하나이다.
　맛있게 저녁을 먹으며 이야기를 나누다가 히잡(두건)에 대해 궁금해

졌다. 외출할 때 항상 히잡을 얼굴에 두르고 나가기 때문에 답답하지 않느냐 질문을 하니 "Do you wanna try?"라는 말과 함께 방에 있는 히잡을 모두 들고 와 쉐어하우스 친구들과 히잡을 쓰며 또 하나의 추억을 만들었다.

4월

선택과 집중!

#베이비돌 #캔 #홍콩

4월 11일 - 벚꽃놀이 가자

4월 13일 - 새로운 도전 유니클로 & GU

4월 15일 - 아쉬움이 많은 베이비돌 면접

4월 19일 - 유니클로 & 베이비돌?

4월 11일
벚꽃놀이 가자

일본에서 4월하면 제일 먼저 떠오르는 것이 '벚꽃'이다. 3월부터 벚꽃이 피기 시작하여 4월이면 가장 아름다운 모습을 구경할 수 있는 시기여서 이때 벚꽃을 구경하기 위해 찾아오는 외국인 관광객들이 많다. 오사카에서 벚꽃 명소로 가장 인기가 좋은 곳이 오사카성, 히메지성, 텐만바시 조폐국이다. 일본의 3대성으로 꼽히는 히메지성과 오사카성을 구경하며 벚꽃놀이까지 한 번에 즐길 수 있다.

만수상이 추천하는 명소는 텐만바시 조폐국의 사쿠라 마츠리다. 텐만바시의 조폐국은 1년 중 벚꽃축제 기간에만 개방을 하기 때문에 일본인들에게도 인기가 좋은 명소중 하나이다. 벚꽃구경을 한 후에는, 야타이(포장마차)에서 일본의 다양한 음식을 맛볼 수 있으며, 일본의 전통놀이인 금붕어 건지기도 참여해 볼 수 있다.

4월 13일
새로운 도전 유니클로 & GU

　레스토랑 아르바이트를 그만
두었다. 훌륭한 쉐프님과 일을 하면서 많은 것을 배울 수 있는 좋은 기
회였지만, 퇴근 후 집에 도착하면 새벽 1~2시였다. 두 군데에 동시에 출
근 하는 날은 12시간 이상 서서 일을 해야 했기 때문에 하루 일과가 일
로 시작해서 일로 끝나며 휴무일엔 몸이 힘들어 방에서 쉬는 날이 많
았다. 돈을 사용할 시간이 없어 급여는 차곡차곡 쌓여 갔지만, 일본 생
활 만족도는 점점 떨어지고 있었다. 일본에 온 목적에 대해 다시 한 번
생각해 보니 돈을 모으러 온 게 아니라 여행도 하면서 일본인 친구들
과 좋은 추억을 만들고 싶어 왔다는 것을 깨닫게 되었다. 그래서 쉐프
님에게 사정을 말씀드리고 레스토랑을 그만 두었다.

　도지마롤 출근이 불규칙하였기에 다른 아르바이트를 구할 수밖에
없는 상황이었다. 구인광고 사이트를 통해 아르바이트를 찾던 중 의류
브랜드 업체 유니클로, GU, 베이비돌을 발견하였다. 가장 마음에 들었
던 부분이 신사이바시가 근무지라는 것이었다. 또한 퇴근 시간이 오후
9~10시이니, 퇴근 후 난바나 신사이바시에서 쇼핑을 하거나 친구들과
놀 수 있다는 생각에 바로 입사지원을 하였다. 정말 운이 좋게 세 군데
모두 면접을 보러 오라는 연락을 받았다. 첫 면접은 유니클로에서였다.
지원동기, 아르바이트 경험, 영어실력, 일을 할 때 가장 중요하게 생각하
는 것 등을 물어보며 대략 1시간 동안 면접을 봤다. 유니클로 면접을 끝

내고 다음 면접을 보기 위해 GU로 향했다. 유니클로의 계열회사인 GU 의 면접은 유니클로와 비슷했는데 교통비 지급이 없다는 말에 면접을 대충 보고 나왔지만 느낌이 좋았다.

4월 15일

이수움이 많은 베이비돌 면접

도지마롤 퇴근 후 베이비돌 면접을 보기 위해 신사이바시로 향했다. 면접 시간보다 조금 일찍 도착하여 가게의 분위기와 판매 제품들을 분석하였다. 스태프들이 즐겁게 웃으면서 일하는 모습이 정말 보기 좋아 여기서 일을 해보고 싶다는 생각이 들었다. 하지만 일하는 스태프들이 다들 여자였고 아동의류 옷을 판매하는 매장이었기 때문에 남자를 채용할지 의문이 들었다.

자신감이 조금 떨어졌지만 마음을 가다듬고 점장님에게 인사를 드리고 면접을 보기 시작했다. 지원동기, 성격의 장단점, 비자 만료 시기, 공휴일에도 출근을 할 수 있는지 등등 질문이 끝나자 점장님이 회사 설명을 하시며 매출의 60%가 중국 손님이라는 말과 동시에 중국어를 할

88   일본 워킹홀리데이 난 해봤어

수 있는지 물어보셨다. 면접 분위기가 정말 잘 흘러가나 싶었는데 예상치도 못한 질문을 받은 것이다. '니하오'밖에 모른다고 사실대로 이야기하며 중국어는 못하지만 고등학교 시절 제2외국어로 중국어를 배웠기 때문에 조금만 공부하면 빠르게 배울 수 있다고 어필했다.

마지막 질문으로 일주일에 며칠 근무를 할 수 있는지를 물어보셨다. 그런데 가장 간단한 질문에서 큰 실수를 하고 말았다. 좋은 이미지를 주기 위해 30분 동안 공을 들인 것이 한 번에 무너져 버렸다. 토요일 저녁은 외국인 파티가 있어 근무를 할 수 없다고 대답한 것이다. 점장님의 표정이 바뀌는 순간이었다. "토요일 파티에 가면 일요일 출근도 힘들 수도 있겠네요"라고 하셔서 일요일 출근에는 전혀 지장이 없을 것이라 대답하였지만 상대는 고개를 갸우뚱 할 수밖에 없었다. 가게 특성상 주말이 가장 바쁘기에 주말에 스태프가 가장 많이 필요한데 이런 상황에 토요일 출근이 힘들다고 대답 했으니…. 일주일 뒤에 결과를 알려주겠다는 말과 함께 면접이 끝났다. 집에 가기 위해 도톤보리 다리를 건너며 구리코 아저씨를 쳐다보았다. 오늘 따라 환하게 웃는 모습이 마치 나를 비웃는 것 같다.

4월 19일
유니클로 & 베이비돌?

유니클로, GU, 베이비돌 면접 결과는 어떻게 되었을까? 유니클로에서 가장 먼저 합격했다는 연락이 왔다. 첫 출근 일정을 조율하기 위해 전화가 왔지만 베이비돌에서 일을 해보고 싶어 유니클로 담당 직원에게 생각할 시간을 3일만 달라고 정중하게 부탁하였다. 유니클로보다 베이비돌에서 일을 하고 싶었던 이유는 면접 때 점장님께서 해주시는 말씀들을 듣고 여기서 일을 해보고 싶다는 생각이 들었기 때문이다. 점장님께서 우리 매장은 유니클로와 달리 손님과 1대1 접객을 통해 고객의 니즈를 파악할 수 있으며, 회사의 규율 또한 자유로워 많은 것을 시도해 볼 수 있다고 하셨다.

이틀 동안 기다려 보았지만 아무 연락이 없어 유니클로에서 근무를 해야겠구나 결심을 하려는 순간, 갑자기 베이비돌에서 출근하라는 연락을 받았다. 행운은 예상치도 못한 타이밍에 찾아오는 것 같다. 일본인 친구들은 급여도 좋고 스태프들이 많은 유니클로에서 일을 하는 것을 추천하였지만, 나는 나에게 맞는 베이비돌을 선택하였다.

5월
서로 생긴 모습은 달라도 우리는 모두 친구!

#쉐어하우스 #이자벨 #카오리

5월 6일 - 일본은 파칭코 천국

5월 21일 - 주말은 힐링 타임

5월 28일 - 타코+비루?

5월 29일 - 도지마롤 첫 회식을 가다

5월 6일
일본은 파칭코 천국

파칭코를 즐기는 일본인은 무려 3천만 명이 넘는다. 업소는 1만 6천여 곳에 이르고 종업원 수만 해도 30만 명이 넘는단다. 파칭코는 일본인에게 도박이 아닌 여가와 놀이의 하나이다. 일반적으로 게임에서 이길 경우 나오는 구슬은 약 2,500알 정도로 약 6,000엔이다. 운이 좋게 똑같은 그림이나 숫자가 나란히 걸리는 경우는 10박스가 나오기도 하는데, 10박스면 6만 엔이다. 실력이 필요 없는 게임이기에 남녀노소 불문하고 편하게 즐길 수 있다. 파칭코의 당첨 확률을 분석해 전문적으로 파칭코를 하는 프로들도 있을 정도

이다. 일본 여행을 하다보면 파칭코 업소 앞에 사람들이 줄을 서서 기다리는 모습을 쉽게 볼 수 있다. 오픈 시간보다 1시간 미리 도착해 기다리는 이유는 자신이 원하는 자리를 잡기 위해서이다.

우리 돈 1~2만 원으로 한 시간 정도 게임을 즐길 수 있다. 나는 일본에서 머물렀던 1년 동안 파칭코 업소를 3번 갔다. 첫 번째 방문에서는

하는 방법을 몰라 구슬을 돌리기만 했는데도 운이 좋게 500엔과 과자를 챙길 수 있었다. 하지만 두 번째, 세 번째는 1,000엔씩 잃어 더 이상 가지 않았다. 파칭코를 가기 전 지갑에 파칭코에서 사용할 금액 1,000엔만 넣어 갔기에 돈을 잃은 것에 미련을 두지 않고 바로 집으로 돌아올 수 있었다. 게임이기 때문에 다소 중독성이 있으니 끊을 수 없다면 시작하지 않는 것이 좋다.

5월 21일
주말은 힐링 타임

　일본에서의 생활이 벌써 반이 지났지만 초기 자금이 부족하였기에 그동안 여행을 하거나 제대로 휴식을 취한 적이 없었다. 일하는 중에는 실수를 하게 될까봐 항상 긴장을 놓을 수가 없어 육체적인 고통보다는 정신적으로 힘든 나날들이 많았지만, 옆에서 항상 응원 해주고 고민을 끝까지 들어준 외국인 친구들이 있어 견딜 수 있었다. 일본 워킹홀리데이는 일본어 공부와 일을 하면서 여행경비를 충당할 수 있는 장점이 있지만 외로움도 많이 느껴지고 남들이 도와줄 수 없는 역경들을 혼자서 넘어야 하는 부분들이 있는 것도 사실이다. 이러한 힘든 부분을 어떻게 잘 넘기느냐에 따라 워홀 생활의 만족도가 달라질 것이다.

　5월부터는 시간과 돈의 여유가 생겨 맛집을 가보거나 여행을 할 수 있었다. 이 날은 고베에서 마츠리(축제)가 있어 친구들과 마츠리를 즐기며 디저트 천국 고베에서 맛있는 것을 먹을 예정이었다. 도지마롤 오전 출근을 끝내고 합류하기로 하였기에 일을 끝내고 바로 고베로 출발했다. 고베의 명소인 차이나타운에서 점심을 먹은 후, 하버랜드의 호빵맨 박물관에서 호빵맨 공장과 캐릭터 빵을 구경하고 밖으로 나와 보니 바다가 있었다. 친구들은 지친 일상을 잠시나마 잊기 위해 사람이 많은 축제 참석을 포기하고 2시간 동안 평온한 바다 앞에 누워 소중한 시간을 보냈다.

5월 28일
타코+비룩?

오사카의 대표적인 음식 중 제일 먼저 떠오르는 것은 바로 타코야 끼! 일본 대표 길거리 음식인 타코야끼의 원조는 오사카이며 여행 중 어디서나 쉽게 타코야끼 가게를 발견할 수 있다. 가격 또한 5개에 300~400엔이기 때문에 부담 없이 맥주와 함께 먹기 좋다. 우리나라에 '치맥'이 있다면 일본에서는 '타맥'이라고나 할까.

타코야끼는 팬과 재료만 있으면 집에서도 쉽게 만들어 먹을 수 있어 쉐어하우스 친구들과 타코야끼 파티를 열기도 했다. 재료들이 비교적 저렴하기에 1인당 500엔씩만 모으면 배부르게 먹을 수 있다. 타코야끼 를 만들기 위해 일본인 친구들과 마트에서 장을 보다보면 한국인과 현 저히 다른 소비문화를 느낄 수 있다. 파티에 참가하는 인원이 많음에도 불구하고 일본 친구들은 적당히 먹을 양만큼만 구매를 한다. 그래서 그 런지 일본에서는 비만인 사람을 찾아보기가 힘들다.

타코야끼 틀 위에 반죽을 올려 문어와 재료를 넣고, 둥글둥글하게 모 양이 잡힐 때까지 기다렸다가 한 바퀴 돌리면 맛있는 타코야끼가 완성 된다. 만드는 재미도 있어 친구들과 좋은 추억을 쌓을 수 있다.

5월 29일
도지마롤 첫 회식을 가다

　도지마롤에서 일을 한 지 3개
월 만에 첫 회식 일정이 잡혔다.
3개월간 많은 피해를 끼쳐드린
것 같아 스태프들에게 정말 죄송
한 마음이 들었다. 일본에서 서
비스로 가장 엄격하다는 한큐백화점에서 근무를 하다 보니 배울 부분
도 많고 신경 써야 할 것이 많았다. 가장 힘들었던 것이 아침조례다. 오
픈 20분 전이면, 전 매장 스태프들이 모여 아침조례를 시작한다. 오픈
을 앞두고 있어 백화점 직원분이 빠르게 말을 하기 때문에 듣자마자 일
본어로 바로바로 적어야 했다. 조례내용이 잘못 전달되어 스태프들에게
피해가 갈까봐 부담이 컸지만 일본인들과 동일한 조건으로 일을 하고
싶은 마음에 열심히 하였다. 물론 실수도 많아 주의를 여러 번 받은 적
도 있었지만 놓친 부분은 수첩에 적어 두고 퇴근 후 집에 돌아와 오늘
어떤 부분을 실수했는지 분석함으로써 똑같은 잘못을 두 번 반복하지
않았다.

　조금씩 일이 익숙해지자 스태프들과도 가까워지기 시작했고, 한국을
좋아하는 타케다상(도지마롤 스태프)이 회식에 같이 가자며 초대해 주
었다. 스태프들과 친해질 수 있는 좋은 기회였기 때문에 참석하겠다고
바로 대답하였다. 다른 매장 점장님들도 함께 참석하였기에 조금 어색

하기도 했지만 인사를 나누고 2시간 동안 술을 마시며 즐거운 시간을 보냈다. 지하철 막차 시간이 되어 스태프들에게 인사를 하려는 순간, 점장님께서 한국 도지마롤 매장에서 일해 볼 생각이 없냐고 제안 하시며 생각이 있다면 본사에 보고해 준다며 응원을 해주셨다. 열심히 살다 보니 이런 기회도 주어지는 것 같다. 회식도 하고 기분 좋은 소식을 품고 집으로 귀가 하였다.

6월

향수병이 찾아오다

#쿠미 #교토사람 #카와이 #캔

6월 9일 – 점장님 이거 어때요?

6월 19일 – 타베호다이 & 노미호다이

6월 26일 – 거짓말쟁이 만수상

6월 9일

점장님 이거 어때요?

아이스팩드 설명

서비스로 들어가는 아이스팩드는 최대 2시간 까지 보냉이 가능합니다.

유료 보냉백 설명

한국으로 롤 케이크를 들고 가실 경우나, 장시간 밖에서 있을 경우 유료 보냉백을 추가 하시길 추천해 드립니다.

유료 보냉백으로 추가할 경우, 5~6시간 까지 보냉이 가능하기에, 더욱 맛있게 롤케이크를 먹을 수 있습니다.

S사이즈의 가격은 308엔 이며,도지마롤 L 사이즈 1개 또는 하프사이즈 2개까지 가능합니다

M사이즈의 가격은 463엔 이며,도지마롤 L 사이즈 3개 또는 하프사이즈 6개까지 가능합니다

N사이즈의 가격은 565엔 이며,도지마롤 L 사이즈 9개 또는 하프사이즈 18개까지 가능합니다

귀국 전날에 구매하실 경우

호텔에 돌아가셔서 아이스팩드는 냉동실, 롤케이크는 냉장고에 넣어 두시고,

귀국날에 아이스팩드를 롤케이크 양쪽에 넣어 주시면, 한국에서도 맛있게 먹을수 있습니다

　　도지마롤에서 적응하기까지 많은 시간이 걸렸다. 응원을 해주시던 한국 손님들 덕분에 포기하지 않고 열심히 일을 할 수 있었다. 도지마롤 케이크는 오사카 대표 디저트이며 한큐백화점 도지마롤은 한국 관광객들에게 인기가 많아 여행가이드 책에서도 우메다 맛집으로도 소개되어 있다. 대부분의 한국 손님들이 한국으로 도지마롤 케이크를 가져가고 싶어 하지만 도지마롤 케이크는 크림이 70%가량 되어 포기하는 손님이 많았다. 내가 한국인 손님을 접객 할 경우라면 한국으로 들고 가기 위한 보냉가방과 기내반입 방법에 대해 자세하게 설명을 할 수 있지만, 일본인 스태프들의 경우 의사소통이 힘들어 보였다.

　　그래서 한국어와 영어로 매뉴얼을 작성하면 스태프들이 일하는 환경 또한 편해지고 매출에도 조금이나마 기여할 수 있을 것 같아 매뉴얼을 만들어 점장님에게 드렸다. 스태프들이 한국 손님들과 의사소통의 문제가 생길 때마다 이 매뉴얼을 들고 사용하는 모습을 보니 정말 뿌듯하였다. 스태프들의 반응이 좋아 점장님이 나를 부르시더니, "만상 스고이!" 하며 엄지척을 해주셨다.

★ 일본 취업을 생각한다면 자신의 능력을 최대한 점장님에게 보여주는 것이 좋다.

6월 19일
타베호다이 & 노미호다이

일본어로 타베호다이는 우리나라의 뷔페와 같은 개념으로 먹고 싶은 만큼 무한리필이 가능하다는 뜻이며, 노미호다이는 술을 무제한으로 계속 마실 수 있다는 뜻이다. 1인당 2~3만 원이면, 정해진 시간동안 술과 음식을 마음껏 먹을 수 있다. 노미호다이와 타베호다이는 가성비가 좋아 회사원들과 학생들에게 인기가 많다. 술을 잘 마시는 사람에게는 노미호다이를 추천한다. 원래 맥주 한잔에 300엔(3,000원)이지만 노미호다이에서는 맥주, 사케, 츄하이 등 여러 가지 술을 마실 수 있어 저렴한 가격에 취할 수 있다.

베이비돌 퇴근 후, 스태프들과 함께 삼겹살 타베호다이에서 회식을 하기로 하였다. 도지마롤과 베이비돌 두 가지 일을 시작한 이후 항상 시간에 쫓겨 편의점 도시락으로 끼니를 때우던 나에게는 매우 설레는 날이기도 했다. 베이비돌은 전에 일했던 레스토랑보다 움직임이 많아 육체적으로는 힘들었지만, 훌륭한 스태프들과 함께 하면서 내가 앞으로 나아갈 방향을 잡을 수 있었기에 회식 때 고마운 마음을 스태프들에게 전하고 싶었다. 첫 회식이어서 조금 긴장 되었지만, 술을 마시기 시작하니 서로의 어색함은 사라지고, 맛있게 고기를 먹으며 여러 가지 이야기를 나누었다. 고기를 굽던 중 불판에 크게 불이 나 치사토가 먹고 있던 밥그릇을 그대로 들고 복도까지 도망갔다가 다시 밥그릇을 들고 돌아오는 재미까지 보여주었다.

2시간 동안의 타베호다이를 끝내고 2차를 가기 위해 다음 장소를 알아보고 있었지만, 나는 다음날 오전 9시에 출근을 해야 하기에 집으로 갈 수밖에 없었다. 아쉬움을 뒤로 하고 지하철역으로 달려갔지만 마지막 지하철이 2분 전에 떠나버렸다. 일본 택시는 너무 비싸 엄두도 내지 못 하고 2시간 동안 걸어서 겨우 집에 도착하였다.

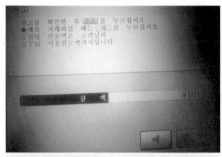

6월 26일
거짓말쟁이 만수상

한 달 전 클럽에서 놀다
가 왼쪽 렌즈를 잃어 버렸
지만 안경이 있어 일을 하
는데 크게 지장은 없었다.
그런데 5월부터 갑자기 일
하는 시간이 늘어나 몸이
힘들어지니 가족과 친구
들이 너무 보고 싶어 일주
일간 휴가를 얻고 싶어졌
다. 점장님께 렌즈를 맞출 겸 한국에 가 일주일간 휴가를 쓰고 싶다는
이야기를 꺼냈다. 장기간 휴가였기에 죄송한 마음이 들어 일본에 오면
바로 다음날부터 출근 하겠다고 대답을 하니, 점장님께서 웃으시며 푹
쉬다가 돌아오라는 말과 한국으로 가기 전날은 쉬면서 쇼핑을 하라고
말씀해 주셨다. 열심히 일한 만큼 배려해주는 좋은 점장님이다.

가족들과 친구들에게 줄 선물들을 사고 통장의 잔고를 확인해 보니
101엔(1,000원)밖에 안 남았다. 공항까지 갈 돈만 남기고 전부 사용하
였다. 왜냐하면 바로 다음날이 월급날이며 가족들에게 줄 선물이라 전
혀 아깝지 않았기 때문이다. 한국에 도착해 6개월 만에 만나는 어머니
를 안으며 눈물이 흐르고 있었다. 어머니는 "살이 많이 빠졌네, 애기"라

고 하셨지만, 일 때문에 하루에 한 끼밖에 못 먹는 상황을 이야기 한다
면 한국으로 돌아오라는 불호령이 떨어질 것 같아 웃으면서 다이어트
중이라고 거짓말을 할 수밖에 없었다.

PART 7

만수상의
일본 워킹홀리데이 여행기

7월

쉐어하우스 비정상 회담

#알렉스 #스웨덴 #케이팝 #덕후

7월 3일 - 워킹홀리데이 중간결산

7월 24일 - 바다로 떠나는 피크닉

7월 25일 - 점장님 한잔 할까요?

7월 27일 - 여름에는 불꽃축제

D: 12시 출근~9시 퇴근 / OFF: 휴일

7월 3일

워킹홀리데이 중간결산

일본에서의 워킹홀리데이 생활도 벌써 반이 지나갔다. 시간이 빨리 지나가는 것을 보니, 일본 생활에 잘 적응하여 하루하루를 즐겁게 보내고 있는 것 같다. 3년 전 호주 워킹홀리데이 생활을 했을 당시, 일본보다 시급도 높고 살기도 편했지만 뚜렷한 목적과 아무런 계획 없이 무작정 떠났었기 때문에 아쉬움을 남긴 채 6개월 만에 한국으로 돌아왔었다. 똑같은 실수를 반복하고 싶지 않아 일본으로 출국 전 목표를 명확하게 세우고 떠났다.

① 일본인 친구 많이 사귀기
② 한국에서 경험할 수 없는 것들을 도전하기

③ 일본의 생활을 매일 블로그에 포스팅하기

④ 여행하기

⑤ 포기하지 않기

+ 워홀 생활 중간 결산 한번 해볼까요?

2015년 12월 23일부터 7월까지 블로그에 올려둔 글들을 읽어 보니, 출국 전에 세워둔 계획대로 진행되어 가고 있어 정말 다행이다. 쉐어하우스 생활을 통해 일본인 친구를 많이 사귀었으며 한 번도 경험해 보지 않은 접객 일을 도전하면서 일에 대한 즐거움을 처음으로 깨달을 수 있었다. 가장 아쉬운 부분은 여행을 제대로 해본 적이 없다는 것이다. 금전적 여유가 없다 보니 선뜻 여행할 용기가 나지 않았다.

고민 끝에 베이비돌 점장님을 찾아가 내 상황을 이야기 해 보았다. "여행할 경비가 조금 부족해, 쉬는 날을 줄이고 더 일을 하고 싶습니다." 점장님은 며칠 뒤 나와 캔(홍콩스태프)을 부르시더니 너희들이 열심히 일을 한 덕분에 매출이 올라 회사에서 시급을 올려 주라는 지시가 나왔다고 하면서, "만수야, 너는 이번 달 쉬는 날이 거의 없어. 정사원들 출근 횟수와 동일하게 시프트를 넣어 줄게"라고 하셨다. 일본 생활에 있어 가장 감사한 분은 베이비돌 점장님이다. 매장에서는 엄격한 분이었지만 스태프들을 항상 가족처럼 생각하고 아껴주셨다.

7월 24일
바다로 떠나는 피크닉

   쉐어하우스의 분위기가 점점 바뀌어가기 시작했다. 기존의 멤버들은 거의 없어지고 새로운 친구들이 많이 입주하여 서로 어색함이 느껴졌으며 키친에서 밥을 같이 먹는 그룹들이 현저히 줄어들었다. 그동안 하우스에서 진행해 오던 파티와 여행들이 정체기에 접어들었고, 이 문제를 해결하기 위해 쉐어하우스의 대장 타키상과 여러 나라의 친구들이 모여 회의를 하였다. 마치 '비정상회담' 같은 느낌이라 해야 할까.

   문제의 원인은 최근 일본어가 능숙하지 않은 유럽친구들이 많이 입주하여 쉐어하우스에 쉽게 적응을 못하는 것이었다. 그래서 우리는 한 달에 한번씩 '쉐어하우스 피크닉'과 서로의 생일을 챙겨주는 축하 파티를 진행하기로 하였다. 누구나 쉽게 참여할 수 있게 키친에 있는 달력에 피크닉 날짜와 각자의 생일을 적어 두었다.

　7월의 피크닉 장소는 바다로 정했다. 이날은 한국, 일본, 스페인, 독일, 스웨덴, 이탈리아 친구들이 모였다. 다들 다른 얼굴을 갖고 있어 어디를 가도 주위의 시선을 받았다. 유럽친구들은 흥이 넘쳐 같이 놀면 돌발행동들을 많이 해 항상 즐겁다. 길을 걷다가 한 명이 춤을 추면 옆 친구들은 노래를 부르거나 같이 춤을 추고 있다.

7월 25일
점장님 한잔 할까요?

　고마운 베이비돌 점장님에게 감사를 표현하고 싶어 "시간 되시면 한잔 하러 가시죠"라고 제안했다. 점장님은 일정을 확인 하시고는 25일은 와이프가 다른 지역으로 출장을 갈 예정이니 남자들끼리 새벽까지 달려보자고 하셨다. 멤버는 점장님, 캔(홍콩 스태프), 나 이렇게 3인방이다. 점장님이 자주 가는 한국 고깃집을 예약해 두었기에 퇴근 후 바로 식당으로 향했다. 맥주로 건배를 하며 남자들의 파티가 시작 되었다.

　지금까지 일을 하면서 느낀 부분을 이야기하며 나와 캔의 면접 때 첫인상에 대해 자연스럽게 얘기를 꺼내었다. 점장님은 면접에서 가장 중요한 것은 성실함이며 일본어 실력을 확인 후, 우리를 채용하기로 결심하였다고 하신다. 이 말이 끝나자마자 점장님은 "어이~ 파티남" 하면서 나를 놀리기 시작했다. 그러면서 첫 면접에서 클럽파티 때문에 토요일 출근이 힘들다고 하였기에 나를 채용할지 고민을 많이 하셨다고 한다. 그래서 나는 유니클로 면접에 합격했지만, 베이비돌을 선택한 것은 신의 한 수이며 점장님과 일을 함께해서 영광이라고 대답을 하니 점장님은 쑥스러운지 오늘 술맛이 참 좋다고 하시며 2차를 가자며 자

리를 옮겼다.

　2차는 간단하게 타코야끼와 맥주이다. 캔이 술을 한 잔도 못 마셔 점장님과 나 둘이서 새벽 3시까지 술을 마셨다. 점장님은 8시간 뒤 출근을 해야 되어서 먼저 귀가하셨고 우리도 택시를 타기 위해 요금을 물어보니 5천 엔(5만 원) 정도 나온다는 말에, 방향을 바꾸어 라멘집으로 향했다. 라멘을 먹으며 시간을 보낼 예정이었지만 술에 취한 나머지 라멘이 나온 줄도 모르고 잠들어 있었다. 라멘을 먹고 나와 지하철 입구 앞에 앉아 첫 지하철을 기다리는 도중, 눈이 너무 무거워 잠시 감았는데 나도 모르게 1시간 동안 노숙을 했다. 눈을 떠보니 우리처럼 지하철을 기다리기 위해 노숙 중인 사람들이 많아 다행이었다. 조금 창피하였지만 흥미로운 경험이었다. 옆에 자고 있는 친구들을 깨운 후 첫 지하철을 타고 무사히 귀가 하였다.

7월 27일

여름에는 불꽃축제

　일본어로 불꽃축제는 '하나비타이카이(花火大)'라고 한다. 한자의
뜻을 직역해보면 불꽃대회이다. 매년 7~8월이면 불꽃장인들이 기술을
뽐내기 위해 전국에서 성대한 규모의 불꽃축제가 열린다. 많은 관객을
모으기 위해 불꽃장인들이 경쟁을 하던 것이 대회라는 명칭을 얻게 되
었다. 불꽃놀이에는 대략 20~30만 명의 관객이 몰리기 때문에 불꽃이
잘 보이는 자리를 잡기 위해서는 미리 도착해서 자리를 잡아 두는 것이
좋다. 이 축제에서는 일본 전통의상 유가타를 입고 친구, 연인끼리 불꽃
놀이를 감상하는 풍습이 있어 마트나 유니클로에서 저렴하게 유가타
를 판매하고 있다. 일본의 마츠리 문화를 제대로 즐겨 볼 수 있는 좋은

기회이다.

쉐어하우스 친구들과 불꽃놀이 축제를 보러 갔다. 친구들과 함께 맥주를 마시면서 구경할 수 있어 잔뜩 기대한 상태였다. 하지만 약속시간보다 늦게 나온 친구들을 기다리느라 막상 축제 장소에 도착하니 이미 좋은 자리는 사람들이 차지하고 있어 1시간 동안 서서 축제를 구경할 수밖에 없었다. 연인끼리 가는 경우라면 일찍 출발해서 자리를 먼저 잡고, 야타이(포장마차)의 음식과 시원한 맥주를 마시며 불꽃놀이를 기다리는 것이 현명하다. 불꽃놀이가 끝나면 많은 사람들이 한꺼번에 지하철로 향하기 때문에 지하철 타기가 쉽지 않으며 소매치기를 당할 수도 있으니 사람이 많은 곳에서는 평소보다 소지품에 신경을 더 써야 한다.

★ 비가 조금만 내려도 행사가 중단되므로 출발하기 전 일기예보를 확인하고 가는 것이 좋다.

8월

드디어, 여유가 생기다

8월 9일 - 오사카 맛집은 어디?

8월 18일 - 워홀러에게 오봉야스미란?

8월 22일 - 일본의 이색카페

8월 27일 - 늘 새로운 유니버셜스튜디오 재팬

8월 9일
오사카 맛집은 어디?

오사카에서는 '쿠이타오레(食い倒れ)'라는 말이 있다. 먹다가 쓰러질 정도로 맛있는 음식들이 많다는 뜻이다. 이 때문에 오사카로 맛집 탐방인 구루메(グルメ) 여행을 하러 오는 한국인들 또한 매년 증가하고 있는 추세이다. 신사이바시 난바 도톤보리에는 오사카의 대표음식 타코야끼, 오코노미야끼, 쿠시카츠, 파블로 등등 유명한 맛집이 전부 모여 있어 외국인 관광객들에게 가장 인기가 좋은 곳이다.

만수상 또한 블로그 활동을 하기 위해 오사카의 맛집을 돌아다녀 본 결과, 블로그에 나와 있는 레스토랑을 직접 방문해 보면 대부분이 한국

인 또는 중국인 관광객이면서 맛과 서비스 또한 현지인들이 많이 가는 레스토랑보다 현저하게 떨어지는 것을 느낄 수 있었다. '블로그에 나와 있는 맛집이 정말 일본 현지인들에게도 맛집일까?'라는 의문이 들기 시작하여 쉐어하우스 친구들에게 직접 물어보니, 최근 신사이바시 난바는 외국인 관광객들이 증가하고 있어 맛과 서비스가 외국인 중심으로 맞춰지고 있다고 하였다. 일본 친구들은 맛집을 소개시켜 주며 일본인들이 이용하는 맛집 검색 사이트 '타베로그(食べログ)'를 가르쳐 주었다.

일본에서 1년이라는 한정된 시간에서, 2번 이상 방문했던 레스토랑이 바로 'Colors'이다. 내부 분위기가 깔끔해 결혼식 파티나 생일파티 장소로도 이용되고 있을 정도로 현지인들에게 인기가 좋다. 런치에는 메인메뉴 하나를 선택할 수 있고 빵, 샐러드, 음료수, 스프의 리필이 가능 하며, 빵을 직접 만들어서 손님들에게 제공하고 있어 메인음식이 나오기 전까지 배고픔을 달래기에 좋다. 런치가격 또한 1,000~1,500엔이어서 부담 없이 즐길 수 있다.

주소 大阪府大阪市北区中崎西 2-4-20
チェルシ—マ—ケット
교통편 한큐 우메다 역에서 도보 10분
영업시간 런치 11:00~24:00,
라스트오더 23:00

　일본은 8월 13일부터 16일까지 오봉야스미, 한국으로 말하자면 추석연휴가 시작된다. 대부분의 회사가 공휴일이니 워홀러들도 오봉야스미에는 쉬면서 편하게 보낼 수 있을까 싶지만 전혀 반대이다. 서비스직에 있는 워홀러들에게는 공휴일이 가장 힘든 날이며, 선물을 사서 고향으로 돌아가는 사람이 많아 가장 바쁜 시기이다. 나 또한 오봉야스미에는 도지마롤, 베이비돌에 5일간 연속 출근을 하였다. 스태프가 많이 필요하기 때문에 되도록 출근하여 점장님에게 좋은 이미지를 주는 것이 좋다. 한큐우메다 도지마롤은 바로 옆에 오사카 역이 있어 신칸센을 타기 전 도지마롤을 구매하는 손님이 많아 오픈과 동시에 손님들이 줄을 서기 시작하여 화장실에 갈 시간조차 없었다.

　도지마롤에서 퇴근 후 바로 베이비돌에 출근해 가장 바쁜 날을 경험하였지만 내가 좋아하는 일이었기에 몸이 힘들어도 퇴근할 때까지 웃으면서 일을 할 수 있었다. 이런 날은 장시간 서 있어서 생기는 다리 통증보다 턱이 더 아팠다. 10시간 동안 손님들과 대화를 나누기 때문에 퇴근을 하고 집으로 돌아오면 턱이 너무 아파 말을 할 수 없을 정도였다. 쉐어하우스 친구들은 말 못하는 모습이 웃긴지 수신호와 눈빛으로 대화를 하였다.

드디어 5일간의 연속 출근이 끝나고 도지마롤에서 같이 일하는 타케다상, 우메상과 반파쿠기념공원에 꽃놀이 구경을 가기로 약속하였다. 반파쿠기념공원에서 만화 20세기소년에 나온 태양의 탑을 구경하며, 동료들과 수다를 떨며 놀다보니 쉽게 친해졌다. 워킹홀리데이에 있어 일도 중요하지만 일에서 받은 피로와 스트레스를 해결하기 위해서는 여행보다 좋은 것이 없다.

교통편 미도스지센 지하철 승차 → 센리츄오역 하차 → 오사카 모노레일 승차 → 2정류장 후, 만박기념공원에서 하차 → 도착

8월 22일
일본의 이색카페

　일본의 이색카페에 대해 들어본 적 있을 것이다. 한국에서는 카페가 커피를 마시며 친구들과 편하게 대화를 나눌 수 있는 장소이다. 반면 일본카페는 하나의 문화 산업 기반으로 자리를 잡고 있다. 일본카페 하면 가장 먼저 떠오르는 것이 메이드카페이다. 메이드들이 카페 안을 돌아다니며 손님들과 대화를 하는 것이 기본이며, 일정금액을 지불하면 메이드와 함께 사진을 찍거나 요리를 직접 만든 후 '美味しくなれ!(맛있어져라)' 마법을 사용하거나 어깨 마사지, 고백 등 남성을 위한 여러 가지 서비스를 제공한다.

　한편 최근 일본 여성에게 인기 좋은 카페로 동물카페가 있다. 강아지와 고양이는 물론이고 부엉이, 고슴도치, 토끼, 파충류, 뱀 카페가 유행하고 있다. 동물카페의 경우 입장료와 음료수를 포함해 1시간에 1,000~1,500엔 정도이며, 집에서 쉽게 키울 수 없는 동물들과 사진을 찍거나 먹이를 주며 1시간 동안 동물들과 즐거운 시간을 보낼 수 있다. 일본의 카페는 단순함을 떠나 사람들에게 다양한 놀이문화를 제공하고 있다.

8월 27일
늘 새로운 유니버설스튜디오 재팬

일본은 한국보다 시급이 높아 돈을 많이 모을 수 있을 것 같이 보인다. 그래서 프리터(생계형 아르바이트)를 유지하는 사람도 있을 정도이지만 주변의 프리터 생활을 하는 친구들을 보면 생활만 가능하지 포기해야 하는 것이 많아서 그런지 근검절약이 몸에 배어 있다. 나 또한 예외는 아니다. 8개월 동안 일본에서 생활하며 사치 한번 부릴 수 없었다. 매달 고정적으로 들어가는 월세와 교통비, 핸드폰 요금, 생활비를 빼면 통장에 남아있는 잔고가 5~6만 엔(50~60만 원) 정도였다. 6월에는 일주일간 한국에 다녀오느라 모아둔 돈을 다 사용하여 삶이 더 힘들어졌지만 이 시기를 통해 일본인 친구들의 정을 느낄 수 있었다. 힘들 때 도와주는 친구가 진정한 친구 아닐까? 쉐어하우스 친구들은 내 사정을 알고 음식을 나눠 주거나 저녁을 같이 먹기 위해 기다려주기도 했다. 그리고 베이비돌 점장님의 배려 덕분에 힘든 시기를 잘 넘길 수 있었다. 이후 처음으로 20만 엔(200만 원)이라는 급여를 받았다. 20만 엔을 받기 위해 쉬지 않고 6일 연속 출근하는 날도 있었지만 생활을 유지하기 위해서는 일을 더하고 절약할 수밖에 없다.

두 달간의 고생 끝에 나에게 작은 선물을 주고 싶어 쉐어하우스 친구들과 유니버셜스튜디오 재팬에 놀러가기로 하였다. 친구들은 연간 회원권을 구매할 예정이었지만 나는 일본 생활이 4개월밖에 남지 않았고, 사람들이 붐비는 장소를 안 좋아해 1일 이용권을 구매할 생각이었다. 하지만 유니버셜 정문에 도착과 동시에 '여기는 연 회원권을 사야 돼, 왜 더 빨리 놀러 안 왔을까?'라는 후회가 들 정도로 기분이 Up 되었다. 연 회원권 가격은 19,800엔, 대략 20만 원이고 1일 이용권은 7,200엔이어서 연 회원권을 구매해 3번 이상 오면 이득이다. 일본에 장기간 체류할 경우 연간 회원권을 최대한 빨리 구매하는 것이 좋다.

★ 회원권의 장점은 1년 동안 횟수 제한 없이 입장이 가능하여 친구들과 언제든지 놀러갈 수 있다는 것이다. 유니버셜스튜디오 재팬은 분기별로 새로운 테마를 준비하여 사람들에게 감동을 주고 있으므로 갈 때마다 새로운 느낌을 받을 수 있다.

2015년 9월

9월

일보다는 여행이 먼저야!

#아키나 #후지산

9월 1~3일 - 후지산아 반가워!

9월 7일 - 주말은 출근하기 싫다

9월 24일 - 당이 부족한 날

9월 1~3일
후지산아 반가워!

후지산은 일본에서 제일 높은 산으로 높이가 3,776m이며, 2013년 유네스코 세계문화유산으로 지정되면서 해외의 많은 산악인들에게 사랑을 받고 있다. 일 년 중, 여름 7월에서 9월 초까지 등반이 가능하여 이 시기에 시즈오카현에서는 후지산을 등반하러 오는 외국인들을 쉽게 볼 수 있다.

+ 후지산을 오르게 된 계기가 있나요?

쉐어하우스 키친에서 밥을 먹으면서 외국인들이 후지산을 등반하는 프로그램을 우연히 보게 되었다. 외국인들이 힘들게 등반하는 과정을 보고 밥을 같이 먹는 친구들에게 아무 생각 없이 "한번 올라가볼래?" 장난삼아 이야기 하였는데, 두 명의 친구들이 핸드폰을 꺼내 아르바이트 스케줄을 확인하더니 9월 초라면 가능하다는 말과 함께 후지산 등

반 루트를 알아보고 있었다. 말 한마디에 넘어서는 안 될 강을 건너고 만 것이다.

다행히 9월 초, 3일간 휴가가 있었기에 이렇게 후지산 등반 3인방이 결성되었고 후지산 등반 경험이 있는 친구들을 통해 여러 가지 조언을 들었다. 고도가 높아 숨쉬기가 힘들기 때문에 산소 스프레이를 준비해야하며 비상사태에 대비해 여러 정보를 알아야 한다며 많은 조언을 해주었지만, 우리는 일기예보와 등반루트만 알아봤기에 앞으로 다가올 비극을 예견하지 못한 채 출발하게 되었다.

출발을 하자마자 친구 재완이의 옷이 빨갛게 물들어 있어, '물감이 왜 여기 묻어있지?' 하면서 친구의 코를 봤는데 코피가 쏟아지고 있었다. 시작부터 우리는 불길함을 느꼈지만 이 또한 추억이라며 웃으면서 버스정류장으로 향했다.

+둘째날…

전날 야간 버스를 타고 다음날 아침 시즈오카현에 도착해 기쁜 마음으로 버스에서 내렸는데 갑자기 소나기가 내리기 시작하였다. '힘들게 여기까지 왔는데 집으로 돌아가야 하는 것 아닌가'라는 생각이 들었지만 우선 비를 피하기 위해 마트로 들어갔다. 이것저것 장을 보고 나오니 비가 그치고 해가 떠 있었다. '우리는 될 놈들이야' 하며 기분 좋게 후지산으로 가는 버스에 탑승하였다. 후지산 후지노미야 루트에 도착하니 기온도 낮고 바람도 강하게 불어 마치 후지산이 "어서와 후지산은 처음이지?" 악마의 미소를 띠며 우리를 맞이해주는 느낌을 받았다.

산에 오르기 전 몸을 따뜻하게 하기 위해 매점에서 소바를 먹고 기분 좋게 밖으로 나오자 이슬비가 내린다. 우리는 비가 올 것에 대비해 우비를 챙겨 왔기에 우비를 입고 등반을 시작하였지만, 3시간 후 이슬비는 태풍으로 바뀌었다…. 바람과 비가 점점 강하게 불어 다이소에서 구매한 우비는 찢어져버렸고, 결국 비를 쫄딱 맞을 수밖에 없었다. 안개가 심해져 앞이 전혀 안 보이는 상황까지 오자 등반을 하다가 친해진 호주 친구들과 상의를 한 끝에 다음 산장에서 하루 숙박을 하고 다음날 등산을 다시 하기로 하였다. 힘들게 산장에 도착한 우리는 바들바들 떨고 있는 서로를 보며 한동안 계속 웃었다. 굳이 젊다고 사서 고생할 필요는 없는 것 같다….

옷을 갈아입고 난로 앞에 모여 삼각김밥을 먹었다. 평범한 삼각김밥이었지만 생존본능을 위해 먹다보니 미슐랭 레스토랑에서 먹은 음식보다 훨씬 맛있게 느껴졌다. 수면실에는 난방기구가 하나도 없어 '이런 곳에서 어떻게 잠을 잘까?'라는 생각이 들었지만, 우려와는 달리 이불에 몸을 넣자마자 잠들어 버렸다. 새벽 5시에 기상하여 후지산의 일출을 보고 내려올 예정이었지만 다들 이불 밖을 나올 생각이 전혀 없어 보인다.

7시에 날씨를 확인하기 위해 밖으로 나왔는데 산장 주인이 어제보다 상황이 더 안 좋으니 하산을 하라고 하였다. 산을 내려가는 무서움보다 후지산 정상에 태극기를 꽂고 오겠다는 약속을 못 지키었기에 친구들의 놀림이 더 걱정이 되었다. 무사히 산의 입구까지 내려와 매점에서 우동을 먹으며 고민하던 끝에 매점에 있는 후지산 정상 사진을 핸드폰으로 찍어 친구들에게 보여주며 사기극을 벌이기도 했다. 정상까지 못 올라 아쉬움은 있지만, 친구들과 좋은 추억 만들고 무사히 돌아온 것만으로 감사하게 생각한다.

9월 7일
주말은 출근하기 싫다

오전은 시간적 여유가 있어 출근 전에 블로그 포스팅을 끝내고 출근 준비를 하였다. 블로그 포스팅을 하기 위해 항상 출근 시간보다 2~3시 간 빨리 일어나야 했다. 블로그에 올릴 사진을 선별하고, 생각을 정리해 글을 적다 보면 대략 1~2시간 정도 소요 되어 일찍 일어나지만 항상 출 근시간이 빠듯하였다. 아침은 먹을 시간조차 없어 캔커피 하나 들고 지 하철역까지 달려가는 것이 일상이었다. 한번 지각하면 습관이 될 것 같 아 있는 힘을 다해 달렸다. 남들이 보면 '블로그 하루 쉬고 편하게 생활 하면 되지'라고 생각할지 모르겠지만, 사람들과 정보를 나누고 소통하 는 것이 즐겁다. 블로그는 2015년 일본에서의 추억들이 그대로 담겨있 는 보물창고로 남아있다.

퇴근 시간이 가까워지자 핸드폰 진동이 울리기 시작했다. 쉐어하우 스에서 파티가 진행 중이라며 퇴근해서 바로 집으로 복귀하라는 연락 이다. 일을 기분 좋게 마무리하고 친구들과 나눠 먹을 치즈타르트를 사서 바로 집으로 돌아오니, 앉을 자리가 없을 정도로 사람들이 많았다. 처음 보는 친구들에게 인사를 하며 서로의 음식을 나눠 먹었다. 조용한 곳에서 맥주를 마시고 싶어 옥상에 올라왔는데 키친에서 놀고 있던 친구들이 옥상으로 다 올라왔다(이놈의 인기란, 하하하). 밤 11시부터 새벽 2시까지 옥상에서 술을 마시며 놀다가 주민들의 신고로 경찰 아저씨에게 주의를 받았다. 할 수 없이 옥상에서 노는 것을 정리하고 키친으로 내려가 보니 테이블을 붙여 탁구를 치고 있는 것이 아닌가. 이 친구들 제정신인가 하는 생각이 들었다.

9월 24일
당이 부족한 날

  도지마롤 매장에서 일을 한 지도 벌써 반년이라는 시간이 지났다. 다양한 손님들 접객을 통해 일본의 서비스 문화를 제대로 공부할 수 있었다. 단순히 롤케이크를 판매하는 것이 아니라, 대화를 통해 요구사항을 빠르게 찾고 먼저 제안하여 손님들이 기분 좋게 돌아갈 수 있도록 하는 것이 일본의 서비스문화이다. 처음에는 비즈니스 회화가 힘들어 고생을 많이 하였다. 일본에는 친구들과 나누는 일상 회화와 어른들 또는 손님들에게 접객을 할 때 사용하는 비즈니스 회화가 있다. 나의 경우 비즈니스 회화에 자신이 없었기에 매장에서 사용하는 단어와 대화를 전부 외울 수밖에 없었다. 처음에는 실수도 많았지만, 큰 목소리로 자신감 있게 이야기하니 일본인 손님들도 웃으면서 틀린 부분을 가르쳐 주거나 응원 해주는 경우가 많았다.

  6개월 동안 다양한 롤케이크를 판매하였다. 인기가 제일 좋은 도지마롤부터 과일롤, 녹차롤, 망고롤, 초코롤 등등 다양한 맛으로 손님들에게 기쁨을 전해드렸다. 매일 공장에서 신선한 크림으로 롤케이크를 만들어 매장으로 배송하고 있으며, 최고의 맛을 유지하기 위해 유통기한 또한 당일 판매를 원칙으로 하고 있다. 도지마롤 다음으로 인기가 좋은 초코 롤케이크가 기간 한정으로 판매를 시작하여, 쉐어하우스 친구들과 돈을 모아 롤케이크 파티를 하였다.

10월

재완아 고마워!

#쉐어하우스 #할로윈 #코스프레

10월 1일 - Happy Birthday

10월 8일 - 자전거로 떠나는 여행

10월 13일 - 손님에게 팬티를 선물 받다

10월 1일

Happy Birthday

　해외생활 중 생일은 어떻게 보낼까? 학생 비자로 해외에 체류할 경우 학교나 어학원에서 친구들이 서로의 생일을 챙겨 주지만, 워킹홀리데이의 경우 일을 하면서 보내거나 혼자서 생일을 맞이할 수도 있다. 1년이라는 시간 안에 많은 친구를 사귀는 것은 쉬운 일이 아니며 일을 하면서 생활을 해야 하니 새로운 사람들을 만나는 시간도 충분하지 않다. 내가 생활했던 쉐어하우스에는 키친에 달력이 있어, 자신의 생일을 적어두면 생일파티에 참가할 사람들이 메신저의 그룹 방을 만들어 파티의 일정을 계획한다.

　자 이제부터 하우스 생일 파티 현장을 한번 살펴볼까? 이 날은 아키나의 29번째 생일이어서 아키나를 위한 서프라이즈 생일 파티를 준비하였다. 1차로 가짜 타코야끼 파티를 진행하다가, 12시가 되자마자 불을 끄고 각자 준비해온 케이크를 건네주는데, 사랑이 넘치는 우리 쉐어하우스 친구들이 케이크를 무려 5개나 준비해 생일 축하 노래만 3번이나 부르며 아키나의 생일을 진심으로 축하해주었다.

시가현에 있는 '비와호' 호수는 일본 최대의 호수로 세계에서 3번째로 오래된 호수이다. 그 면적은 무려 670km로 서울보다 큰 규모이며 1급수로 등록되어 시가현의 주민들이 식음으로 사용하고 있다. 비와호 호수를 횡단하다보면 나기사 공원을 만날 수 있다. 이 공원에서는 매년 12~2월까지 12,000그루의 유채꽃을 구경할 수 있으며, 맞은편 강가를 통해 눈으로 덮힌 히라산의 아름다움까지 동시에 느낄 수 있다.

만수상의 취미는 자전거 여행이다. 우연히 〈1박 2일〉에서 은지원이 포항에서 물회를 맛있게 먹는 모습을 보고, 자전거 여행을 시작했다. 초코바와 음료수를 챙겨 울산에서 포항까지 물회를 먹기 위해 4시간 동안 달렸다. 이런 무모한 행동을 친구들에게 이야기 하면 고작 물회 때문에 갔느냐고 이야기 할 테지만, 나는 물회를 먹는 순간보다 달리는 순간이 더 행복하다. 주변의 풍경을 바라보며 달리다 보면 지친 삶에 여유가 느껴진다고나 할까? 일본에서도 무모한 도전을 하고 싶어 워홀러 재완이와 오사카에서 시가현까지 달려갈 계획을 세웠다.

총 거리는 70km이며, 교토에서 시가로 넘어가기 위해서는 큰 산을 3개나 넘어야 했기 때문에 아침 7시에 출발할 예정이었다. 약속 시간 1시간 전부터 재완이가 깨워 주었기에 시간에 맞춰 준비를 끝내고 키친에서 기다렸다. 그러나 정작 약속 시간이 30분이 지나도 재완이가 보이지 않아 설마 하는 마음에 방을 확인 해보니 평온하게 잘 자고 있었다. 시원하게 등짝 스매시를 날려주고, 예정시간보다 1시간 늦은 8시에 출발하였다. 1차 목적지인 시가현은 산으로 둘러 싸여있어 어둠이 빨리 찾아오기 때문에, 열심히 페달을 밟아 6시간만에 교토에 도착하였다. 자전거 여행을 하면서 여유를 느낄 수 있을 거라 생각했는데 여유는커녕 점심시간마저도 빠듯하였다.

기어가 없는 자전거로 산길을 올라가려니 체력이 금세 바닥나기 시작해 에너지 드링크의 힘을 빌릴 수밖에 없었다. 7시가 되니 앞이 하나도 안 보이며 길까지 잘못 들어, 귀신이 나올 것만 같은 산길에서 핸드폰 플래시에 의지한 채 산을 올라갔다. 12시간 만에 힘들게 시가현에 도착하여 마트에서 저녁을 먹은 후 숙박을 하기 위해 가까운 넷토카페(피시방)로 향했다. 넷토카페를 블로그에 소개하려고 사진을 찍고 있는데, 뒤에서 누군가 어깨를 치는 것이었다.

인상을 쓰며 뒤를 돌아보니 일본 경찰들이다. 불길한 기운이 든다. 사진 안 찍었으면 그냥 편하게 쉬고 있었을 건데…. 외국인이 적은 시가현에 밤늦게 어슬렁거리고 있으니 수상해 보였나? 도난 자전거인지 확인하기 위해 30분 동안 취조를 받았다. 재완이에게는 궁금한 것이 없는지 아무것도 안 물어보았기에 더 억울하였다. 옆에서 내 모습을 보고 웃고 있는 재완이에게 가운뎃손가락을 날려주었다. 간신히 확인이 끝나자 경찰은 협력해줘서 고맙다는 말과 함께 떠났다. 이런 게 여행의 묘미 아닐까?

+둘째날…

일본의 넷토카페(피시방)는 가성비가 훌륭하다. 한 사람이 딱 누울 수 있는 공간에 칸막이까지 있어 다른 사람 신경 쓰지 않고 편하게 잘 수 있다. 300엔(3,000원)만 추가하면 15분가량 샤워도 가능하며 음료수와 아이스크림까지 서비스로 제공한다.

아침 6시에 일어나 준비를 하고 밖으로 나오니, 비와호 호수가 바로 앞에 있었다. 이게 정말 호수인가, 바다라고 해도 믿을 정도로 크고 물이 깨끗하였다. 기분 좋게 맑은 공기를 마시며 다시 라이딩을 시작했다. 그런데 나기사 공원에 꽃구경과 히라산의 아름다움을 사진으로 남기고 싶어 6시간을 달려 겨우 도착 하였지만, 유채꽃의 절정은커녕 마른 풀 밖에 없지 않은가. 지나가는 주민들에게 물어보니 유채꽃은 12월부터 2월까지만 볼 수 있다고 한다. 우리는 바보임이 틀림없다. 서로를 보며 웃음이 멈추지 않았다. 20시간을 달려온 우리의 목적지에 마른 풀 뿐이라니… 그래도 이 또한 추억 아니겠는가?

점심을 먹기 위해 공원 옆 쇼핑몰로 향했다. 체력을 보충하기 위해 스테이크를 먹은 후, 자전거 주차장으로 나오니 멀리서 보아도 재완이 자전거가 이상해 보였다. 누군가가 점심을 먹는 사이에 재완이 자전거의 부품을 훔쳐간 것이다. 세상 참 야박하지, 둘은 어이가 없어 다시 배를 잡고 웃을 수밖에 없었다. 어제는 경찰을 만났고 오늘은 도둑을 만나는 이런 여행 쉽게 경험할 수 없을 것이다.

자전거 부품을 판매 하는 매장이 없어 다이소에서 판매하는 케이블 타이로 바구니를 고정시킨 후, 교토까지 힘차게 달려 나갔다. 일본은 평지가 많아 자전거 여행을 하기 편하지만 기어가 없는 자전거로 산을 3개나 넘으니 심장이 터지기 직전이었다. 교토에 도착하자 오후 6시 무렵이었기에 하루 숙박을 하고 다음날 오사카로 돌아갈 예정이었지만, 재완이가 숙박을 할 돈으로 차라리 술을 사겠다며 오사카로 바로 출발 하자고 한다. 술을 산다는 말에 기분 좋게 자전거를 다시 타고 있다. 쉐어하우스에 도착하니 새벽 3시였다. 하우스에 도착한 우리는 녹초가 되어 술 약속은 기억도 못하고 쇼파에 누워 잠이 들어버렸다. 재완이와 함께 하는 여행은 항상 뭔가 부족하기에 더욱 즐겁다.

10월 13일
손님에게 팬티를 선물 받다

주말은 가장 바쁜 날이다. 오전에 납품 되는 롤케익이 평일에 비해 2배 정도 더 많아 평소보다 빨리 움직일 수밖에 없다. 백화점 매장 출근시간인 오전 9시보다 10 분 일찍 도착해서 스태프들에게 인사를 먼 저 나누고, 그 다음 레지를 세팅하고 납품이 들어온 롤케이크를 백화점 창고에 정리하 는 동시에 오늘 납품된 케이크의 수량 확인 과 백화점 아침조례에 참석한다. 백화점 오 픈이 20분 전이기 때문에 빠르게 전달사항 을 받아 적고, 직원들에게 조례내용을 보고 하면 백화점 오픈을 알리 는 음악이 흘러나온다. 오픈조로 출근을 하면 1시간이 정말 짧게 느껴 진다. 만약 스태프 한 명이 지각을 하거나 결근을 하는 날이면 더 빨리 움직여야 했다.

이날도 오픈 하자마자 매장에 손님들이 줄을 서기 시작했다. 기분 좋 게 손님들을 맞이하며 대기 시간을 줄여 드리기 위해 주문과 포장을 평 소보다 빠르게 하였다. 옆에서 같이 일을 하는 코니상이 한국 손님과 접 객 중인데, 커뮤니케이션이 힘들다며 도와 달라고 하여 한국 손님을 담 당하기로 하였다. 롤케이크에 대한 설명과 인기 좋은 케이크를 추천해

주니 한국 손님 또한 주문을 편하게 해서 좋다는 말을 남기고 떠났다.

5분 후 다시 한국 손님이 다급하게 매장으로 찾아와 핸드폰을 분실 하였다며 도움을 요청 하셨다. 매장을 샅샅이 찾아보았지만 발견할 수 없어 스태프들에게 양해를 구하고 손님들을 분실물 센터로 안내 하였 다. 우선 당황한 손님들을 진정 시키고 분실물 접수를 도와 드렸다. 만 약 손님들이 한국으로 귀국 후 핸드폰이 발견 된다면, EMS를 통해 한 국으로 보내 드리겠다고 약속을 하고 매장으로 돌아오니 손님들이 길 게 서 있어 스태프들에게 사과를 먼저 하고 다시 일을 시작하였다.

10분 뒤 분실물센터 직원이 핸드폰을 찾았다며 매장으로 뛰어 왔기 에, 한국 손님에게 핸드폰을 전해드릴 수 있었다. 그 손님이 환하게 웃 는 미소를 확인하고 나서야 일에 집중할 수 있었다. 스태프들에게는 미 안했지만 그분들이 기분 좋은 마음으로 다시 여행을 할 수 있게 도와 준 것에 대해 뿌듯하였다.

퇴근 30분 전 핸드폰을 찾아준 손님들이 다시 매장으로 찾아와 감사 의 인사와 종이가방을 주셨다. 괜찮다는 말과 함께 거절하였지만 작은 성의라며 받아 달라는 말을 남기고 떠났다. 스태프들과 같이 열심히 일 을 하여 받은 것이기에 매니저님에게 상황을 이야기하니 잘했다고 칭 찬을 해주셨다. 스태프들은 웃으면서 "답례로 팬티 받았네"라고 놀리기 시작했다. 왜 팬티일까 의문이 들었지만, 접객에 대한 즐거움을 알게 해 준 시간이었다. 나야말로 감사하다는 말을 제대로 못해 기회가 되면 언 젠가 도지마롤 케이크를 들고 찾아뵙고 싶은 손님이다.

PART 8

만수상의
일본 워킹홀리데이 이별하기

11월

마지막 출근

#마루티나 #스페인 #모델

11월 4일 - 도지마롤 사원이 되고 싶어

11월 6일 - 베이비돌 고마워!

11월 18일 - 고마운 한국 친구들

11월 28일 - 도지마롤 졸업식

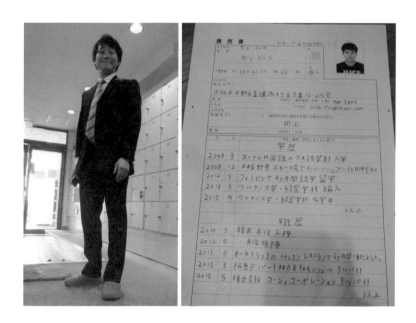

11월 4일
도지마롤 사원이 되고 싶어

　일본 워킹홀리데이를 오기 전, 나는 평범한 대학교 4학년 학생이었다. 졸업을 1년 앞두고 있었지만 어떤 회사에 취업을 하고 싶은지, 어떤 일이 나한테 맞는지 전혀 감이 오지 않았다. 그래서 할 수 없이 주변 친구들이 준비하는 것을 똑같이 따라 하며 대학 생활을 보냈다. 부끄럽지만 26살이 되어서야 진로에 대해 신중히 생각해보았다. 꿈이 없는 나, 정상일까? 아니면 비정상일까? 친한 친구에게 진로에 대해 고민 상담을 했었는데 친구는 "자신에 맞는 완벽한 직장은 없다. 자신이 회사에 맞춰 나가는 게 사회다"라는 말을 해주었다. 정말 좋은 말이지만, 청개구리 근성이 있는 나는 '옷도 사람에 따라 어울리는 옷이 있지 않나? 안 어울리는 옷을 나에게 맞추기 위해 노력하는 것보다 나에게 맞는 옷을 찾는 것이 먼저다'라는 생각이 들었다.

어느덧 한국으로 귀국해야 할 날이 다가오고 있었다. 점장님에게 11월 말이 마지막 출근이 될 것 같다는 보고를 드리기 위해 점심 약속을 제안했다. 점장님과 같이 점심을 먹으며, 그 동안 도지마롤에서 일을 하며 느낀점을 이야기하였다. 바쁜 매장이지만 손님들에게 최고의 맛과 최상의 서비스를 제공하기 위해 항상 최선을 다하는 스태프들과 일을 하여 영광이었으며 기회가 된다면 한국 도지마롤 매장에서 일본접객 방식을 손님들에게 보여드리고 싶다는 말을 전했다. 점장님은 좋은 생각이라며 한국의 서비스 문화를 새롭게 바꾸라는 미션을 주셨다. 일주일 뒤 도지마롤 본사 영업부에서 사원면접 일정을 맞추기 위한 연락을 받았다.

면접에서 긴장감을 줄이기 위해 쉐어하우스 친구들과 모의면접 연습을 하였다. 3일 간 연습을 한 덕분에 면접 때 떨림 없이 바로바로 대답할 수 있었다. 미처 준비하지 못한 질문을 받았을 때는 질문에 대한 이해를 못한 척 하며 다시 한 번 말씀해달라고 정중하게 부탁을 했고, 그 사이 질문에 대한 답변을 빠르게 생각해서 내 생각을 전달했다. 1시간 동안 면접을 보고 나오니 와이셔츠가 땀범벅이 되었다. 기쁨의 땀을 몸에 안고 집으로 돌아가는 길에 본사에서 1차 면접 합격이라는 연락을 받았다. 너무 기쁜 나머지 '아리가토우 고자이마스'를 반복하며 전화를 끊었다. 1년간 노력한 결실을 맛본 짜릿한 순간이었다.

11월 6일
베이비돌고마워!

베이비돌 점장님에게 예정보다 1달 일찍 퇴사하고 싶다고 이야기를 하였다. 베이비돌 면접 당시에는 비자가 끝나는 12월까지 근무를 할 수 있다고 하였지만, 11월과 12월은 여행을 하며 친구들과 마지막 추억을 만들고 싶었다. '워킹(일)+홀리데이(휴가)' 아닌가? 점장님은 갑작스러운 소식에 당황하며 아침 조례가 끝나고 나를 불렀다. 점장님에게 감사를 먼저 표현했다. 여러 가지 편의를 봐주시고 접객의 즐거움을 알려주신 덕분에 도지마롤 사원 면접까지 잘 볼 수 있었다고 전하였다. 점장님은 눈물을 글썽 거리며 마지막 출근 날 만수상의 사요나라 파티를 하자고 하셨다. 정말 좋은 분이다. 점장님의 카리스마 넘치는 리더십과 스태프들을 가족처럼 생각 해주시는 배려심 덕분에, 베이비돌에서 일하는 스태프들은 항상 웃으면서 일을 할 수 있다.

마지막 출근까지 무사히 끝내고, 사요나라 파티를 즐기기 위해 이자카야에 도착하니 다른 매장에서 근무하는 스태프들까지 작별인사를 하러 와주었다. 모여준 것만으로도 감사한데 선물로 가방과 만수상과 똑같은 캐리커처를 그린 종이에 스태프 전원의 메시지를 적어 주었다. 아르바이트로 7개월간 일을 하였지만, 한국에서 경험해 보지 못한 사요나라 파티에 감동을 받을 수밖에 없었다. 고마워 베이비돌!

11월 18일
고마운 한국 친구들

만수상 블로그를 통해 쉐어하우스에 입주한 한국인이 증가하기 시작했다. 입주한 친구들이 만수상에게 인사를 하고 싶다며 매니저에게 물어 나를 찾아오는 것이 신기하였다. 처음에는 새로 입주한 한국 친구들과 친해질 생각이 전혀 없었다. 일본에 왔으니 최대한 일본인 친구들과 시간을 보내고 싶었다. 하지만 입주한 한국 친구들이 일본 생활에 적응을 못하는 모습을 보니 마치 내가 일본 워킹홀리데이를 시작했을 때 같아서 생각을 조금 바꾸어 보기로 하였다. 마지막 워홀 생활은 일본인, 한국인 친구들과 함께 좋은 추억을 만들면 더 즐겁지 않을까?

우선 단체 카톡방을 만들어 파티가 있는 날이면 단톡방에 공지를 올려주고 일본인들과 친해 질 수 있는 환경을 만들어 준 다음 아르바이트를 소개 해주며 정착 요령을 도와주었다. 다행히 한국으로 귀국하는 친구 단 한 명도 없이 둥지를 잘 틀었다. 일본 생활이 1달밖에 안 남은 상황에서는 나와 마지막 여행을 함께 하고 싶다며 한국 친구들이 나의 스케줄에 맞추어 단체 카톡방에 공지를 해왔다. 뿌듯하다 내 새끼들!

11월 28일
도지마롤 졸업식

일본 워킹홀리데이의 반 이상을 도지마롤과 함께 보냈다. 드디어 졸업식이라니 믿을 수가 없다. 3월부터 일을 시작한 것이 엊그제 같은데 더 이상 한큐백화점 도지마롤 매장에 설 수 없다니 아쉽다. 여기서 일을 처음 시작 했을 때는 점장님께서 바쁜 매장이니 일을 빨리 못 배우면 우리 매장에서 오래 일을 할 수 없다는 말까지 하셨다. 이 말을 듣고 정말 분했다. 나란 존재가 이것밖에 안되나? 여기서 도망치면 앞으로 어려운 일이 생길 때마다 항상 도망만 다녀야 하는 삶을 살 것 같았다. 그래서 똑같은 실수를 2번 이상 반복하지 않기 위해 수첩에 일을 하면서 배운 것들을 바로바로 적어 두었다. 출퇴근 지하철 안에서 수첩을 꺼내 공부를 하거나 계산기로 연습하다 보면 주위사람들의 시선이 느껴지기도 하였지만, 살아남기 위해서는 더 노력할 수밖에 없었다.

도지마롤은 나에게 있어서 앞으로 살아가야 할 길을 가르쳐준 나침반이라고 해야 할까? 일본 워킹홀리데이 출국 전부터 도지마롤에서 일을 해보고 싶다는 목표가 있었고, 도지마롤 본사로 아르바이트를 하고 싶다는 메일을 보낸 덕분에 취업내정을 받을 수 있었다. 만약 그때 메일을 안 보냈으면 어떻게 되었을까? 아마도 평범한 워킹홀리데이로 끝났을지도 모른다.

★ '찾지 않으니까 길이 없는 것이다' 이 말은 내가 가장 존경하는 故 정주영 회장님 말씀이다. 워홀 생활에는 정답이 없다. 하고 싶은 것이 있다면 자신의 길을 찾아 가길 바란다!

2015년 12월

12월

만남 그리고 이별

#이별 #재류카드

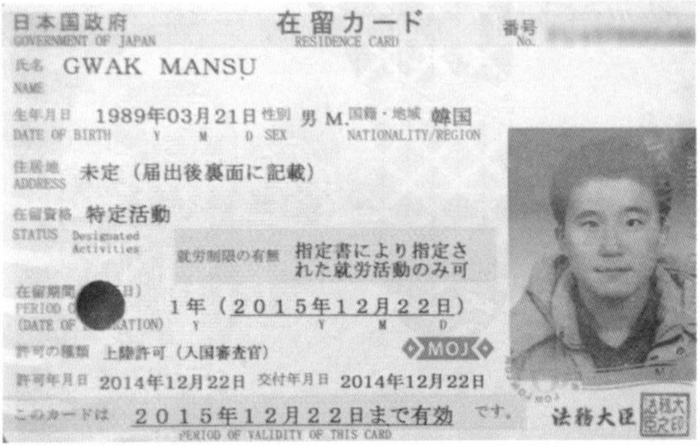

12월 4일 - 무계획 도쿄여행

12월 12일 - 서울잡스와 인터뷰하다

12월 22일 - 사요나라보다 See you again

<u>12월 4일</u>
무계획 도쿄여행

　도쿄여행을 하기 위해 호주친구 손, 홍콩친구 캔, 한국인 재완이와
나, 이렇게 4명으로 그룹이 결성되었다. 우리의 처음 여행지는 도쿄가
아닌 '세이순 18킷푸(청춘18티켓)'를 이용한 큐슈여행이었다. 세이순 18
킷푸란, 홋카이도부터 큐슈까지 JR과 쾌속열차를 하루 동안 무제한으
로 탈 수 있는 것으로 일본 일주 또는 여러 지역을 저렴하게 여행할 수
있는 티켓이다. 우리나라의 내일로 여행과 비슷하지만, 세이순 18킷푸
는 나이 제한이 없어 누구나 쉽게 이용할 수 있다.

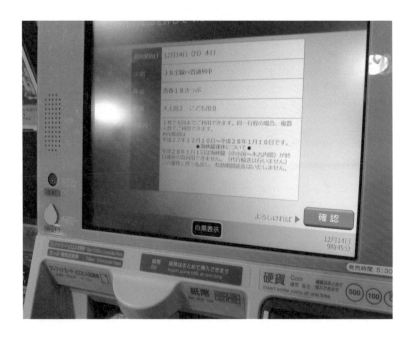

가격은 5장 1세트로 하여 11,850엔이다. 이 티켓의 장점은 1세트를 구매하여 친구들과 같이 사용할 수 있어 교통비를 절약할 수 있으며 남은 티켓 또한 개인간의 거래를 통해 쉽게 처분할 수 있다.

+구매시기와 사용 시기?

학생들의 방학 기간(봄, 여름, 겨울)에만 판매를 하고 있다. 판매 시기와 티켓을 이용하는 시기가 따로 나뉘어져 있으니 여행계획을 짜기 전 사용 시기를 먼저 확인해야 한다.

	발매 시기	사용 시기
봄	2월 20일 ~ 3월 31일	3월 1일 ~ 4월 10일
여름	7월 1일 ~ 8월 31일	7월 20일 ~ 9월 10일
겨울	12월 1일 ~ 12월 31일	12월 10일 ~ 1월 10일

+ 도쿄여행, 1일차

　친구들은 세이슌 18킷푸 겨울 판매시기에 맞춰 여행을 하기 위해, 12월 1일부터 3일까지 휴가를 얻었다. 사용 시기가 12월 10일부터라는 것을 뒤늦게 알아 버렸지만 크게 신경을 쓰지 않았다. 어디를 가느냐가 중요한 게 아니라 누구랑 함께 가느냐가 중요하였기에. 4명이서 상의를 나눈 끝에 도쿄여행을 하기로 하였다. 쉐어하우스 친구들이 도쿄는 오사카와 분위기가 다를 것이라고 이야기해주었지만, 같은 일본인데 크게 다를 게 있을까? 라는 의문이 들었다. 교통비를 절약하기 위해 야간버스를 선택하였다. 야간버스는 전날 밤 11시에 출발하여 다음날 아침 6시에 신주쿠에 도착하니, 자고 일어나면 도쿄에 도착한다.

　아침 6시에 도착하니 영업을 하는 곳이 있을 리가 있겠나? 아무것도 먹지 못해 배는 고프고, 도쿄까지 왔는데 첫 끼니를 맥도날드로 해결하고 싶지 않아, 지하철역으로 내려가 행선지를 정하기로 하였다. 다들 도쿄는 2~3번씩 온 친구들이었기에 구체적인 계획과 일정보다는 도쿄 맛집과 이색적인 레스토랑을 경험 하는 것이 제1의 목적이었다. 노선도를 보니 일본 최대의 수산물 시장 츠키지 시장이 보이지 않는가! 수산물 시장이라면 새벽부터 영업을 하는 곳이 많아 운이 좋으면 참치 해체 작업과 맛있는 초밥을 아침으로 먹을 수 있다는 생각을 하는 순간, 호주친구 손이 "Let's go!" 소리를 치며 표를 사고 있었다. 고민 없는 이런 즉흥적인 여행이 너무 좋다.

아침 7시에 츠키지 시장에 도착 하였지만, 이미 경매가 끝나버려 수레에 옮겨지는 참치를 구경할 수밖에 없었다. 아쉬움을 뒤로하고 츠키지 시장에서 가장 맛있는 스시를 맛보기 위해 '스시다이'라는 가게로 향했다. 대기줄을 보고 1시간 정도 기다리면 먹을 수 있겠지 생각했는데, 3시간 30분을 기다려서야 겨우 가게 안으로 들어갈 수 있었다. 다행히 우리 앞에 미국 관광객들이 줄을 서 있어, 서로 대화를 하며 기다렸기에 지루함 없이 3시간을 기다릴 수 있었다. 드디어 가게 안으로 들어가니 스태프들이 친절하게 자리 안내를 해주었다. 쉐프님이 힘들게 영어로 소개를 하여, 일본어로 부탁드린다고 말을 하니 그런 이야기는 빨리 하라고 하신다. 어느 나라에서 왔냐는 질문에 오사카에서 왔다고 대답하니 웃음바다

가 되었다. 쉐프들은 우리와 계속 대화를 나누며 맛있는 초밥을 만들어 주었다. 스시를 입에 넣는 순간 지금까지 먹었던 스시와는 다른 맛을 느꼈다. 입에서 녹는다는 표현을 해야 할까? 쉐프들의 친절함까지 더해지니 기분 좋게 맛을 음미할 수 있었다. 3시간의 기다림이 20분만에 끝났지만, 맛은 3시간 이상 기다린 가치가 충분했다.

+일본 최초의 미슐랭 라멘 맛은?

　도쿄를 여행하던 중 세계적으로 권위를 인정받고 있는 미슐랭 가이드에서 일본의 라멘집 중 최초로, 미슐랭 별을 '츠타'에게 준다는 소식을 접하였다. 숙소에서 가까운 위치에 있는 라멘집이어서 다음날 아침 6시에 일어나 스가모 역으로 향했다. 스가모역에서 걸어서 5분 정도 거리에 '츠타'라는 작은 가게를 발견하였다. 오픈시간보다 4시간 빠른 7시에 도착하였지만, 이미 우리 앞에 60명의 사람들이 먼저 와서 줄을 서 있었다. 일본인뿐만 아니라 외국인 관광객, 방송국 관계자 사람들이 모여 있어, 좁은 골목에 사람들이 대략 100명 정도 몰려 있었다. 스시를 먹기 위해 3시간을 기다렸는데, 이정도 쯤이야… 사실 다음 일정이 아무것도 없었기 때문에 라멘 한 그릇 먹기 위해 4시간을 기다렸다.

　미슐랭 1스타를 받았음에도 불구하고 라멘 한 그릇 가격은 950엔이니 부담 없이 일본 최고의 라멘을 맛 볼 수 있었다. 인기가 좋은 간장라멘을 주문하였다. 몸을 녹이기 위해 국물부터 맛을 보니, 간장의 짠맛을 전혀 느낄 수 없었으며, 정말 간장으로 베이스를 한 라멘인가 의문이 들 정도로 국물의 맛이 깊고 깔끔하였다. 차슈 또한 흠 잡을 게 없는 맛이었기에 미슐랭 가이드의 대단함을 느낄 수 있었다.

라멘을 먹고 나오니 방송국 직원이 인터뷰를 요청 하는 게 아닌가, 티비에 나온다는 생각에 최대한 웃으며 고급 일본어를 사용하며 인터뷰에 응했지만, 결국 방송에서는 인터뷰한 부분은 통편집 되어 있었다. 쉐어하우스 친구들과 함께 방송을 시청하였는데 어찌나 창피하던지, 방송에는 우리의 옷자락만 나왔다.

주소 東京都豊島区巣鴨1-14-1 Plateau-Saka 1F
교통편 야마노테선 전철 승차→스가모역 하차→남쪽 출구에서 도보 2분
영업시간 11:00~16:00 / 평일은 7:00, 토요일은 6:30 무렵부터 가게 앞에서
　　　　　선착순 100명까지만 예약을 받고 있다. 수요일은 휴무이다.

곽만수 : 일본에서 불편한 것이라면 생각보다 모으기 힘들었던 돈이랄까요? 사실 일본에 오기 전 일본 시급이 한국보다 높아서 일을 하면 금방 돈이 모여서 쇼핑도 하고 맛있는 것도 사먹을 수 있을 거라 생각했습니다. 지금 사는 오사카 최저시급이 850엔이 니 한국보단 높죠. 하지만 조기 정착 때 쉐어하우스 월세와 보증금을 내고, 다음달 월세를 빼니 제게 3만엔(30만원) 밖에 안 남더 라고요. 그래서 일주일 만에 일을 구했어요. 바로 돈을 모아야 다음달을 살 수 있으니까요. 시급도 높지만 그만큼 물가도 높아서, 절약을 해도 돈을 모으기가 쉽지 않았어요. 그래서 아르바이트를 2개로 늘렸어요. 그러니 하루에 거의 12시간을 바깥에서 서서 일하다 보니 다리며 허리며 아프지만 여행도 하고, 맛집투어도 다니면서 만족하며 일하고 있어요.

▲ 곽만수 씨와 쉐어하우스 친구들이 함께 보낸 할로윈 파티 (사진 제공: 곽만수 님)

(출처: 서울잡스)

12월 12일
서울잡스와 인터뷰하다

일본에서의 생활을 블로그에 남긴다면 다양한 사람들과 소통을 하고, 예비 워홀러들에게 도움이 되겠다는 생각이 들어 블로그 활동을 시작하였다. 처음 블로그를 시작했을 당시 글들을 보면 웃음밖에 안 나오는 표현들과 손발이 오그라들어 어디론가 숨어버리고 싶어진다. 지금도 부족한 부분이 많지만 매일 블로그 관리를 하며 연습하고 있다. 1년간의 포스팅 횟수는 215개, 이틀에 하루 꼴로 글을 게재한 셈이다. 대부분 출근 전에 글을 적었기에 하루의 시작이 블로그였다. 항상 출근 시간이 부족해 아침식사는 자판기에서 캔커피를 뽑아 마시며 역으로 뛰어가는 생활을 1년 동안 즐겼다. 물론 힘은 들었지만 방문자 수가 증가하며 블로그를 정독해주는 사람이 있었기에 끝까지 포기하지 않고 열심히 활동하였다.

그 덕분일까? 워킹홀리데이의 기사를 취재하고 있는 청년취재단에서 블로그를 보고 인터뷰를 요청한다는 연락이 왔다. 처음 하는 인터뷰였기에 큰 부담을 느꼈지만 기회는 잡으라고 있는 거 아닌가? 나의 위홀 생활이 많은 사람들에게 도움이 되길 바랄뿐이다.

12월 22일
사요나라했다 See you again

드디어 일본 생활의 마지막 날이 왔다. 제2의 고향 오사카를 떠나야
한다니… 그리운 가족의 품으로 돌아간다는 기쁨도 있었지만 아쉬움
이 정말 많이 남았다. 키친에 있는 달력에 귀국 날을 적은 것이 엊그제
같은데 짐을 정리하면서 1년간의 생활들이 머릿속에 빠르게 스쳐 지나
갔다.

쉐어하우스 친구들과 8시에 사요나라 파티를 진행할 예정이었는데
타이완 친구 자넷밖에 보이지 않았다. 다른 친구들은 연락도 없고 내일
귀국하는데 다들 어디 간 건지, 분노의 맥주를 들이키며 자넷과 요리
를 만들고 있었다. 요리가 완성될 무렵 친구들이 키친으로 몰려오더니

4층의 내 방으로 끌고 가는 게 아닌가? 이것들 또 내 방에 장난질 했구나 한숨을 쉬며 문을 열어보니, 풍선과 축하 메시지들로 가득 차 있었다. 눈물이 나오려는 순간 친구들이 '언젠가 다시 만나자'라는 말을 하며 위로해 주었다. 본격적으로 파티를 시작하기 위해 키친으로 내려오니, 다들 맥주 하나씩 들고 나를 기다리고 있는 게 아닌가… 친구들과 마지막 건배를 외치며 파티를 즐겼다. 맥주가 참 달았다. 소중한 친구들이 옆에 있으니 안주가 필요 없는 것 같다. 이 친구들 덕분에 1년 동안 웃으며 워홀 생활을 마무리 할 수 있었다. 한국에서는 바쁜 생활과 매일 반복되는 일상에 웃을 기회가 많지 않았지만, 친구라는 소중함을 알게 해주었다. 마지막 인사가 입에서 쉽게 나오지 않았지만 작별인사를 해야 할 시간이 다가왔다. 헤어질 때 사용하는 일본어 '사요나라'가 아닌, 'See you again'이란 말을 남기고 일본 생활을 마무리 하였다.

PART 9

일본 워킹홀리데이 비자
혼자서 신청하기

1. 사증신청서 작성 방법

신상 정보를 적는 것이기 때문에 사증신청서 작성은 비교적 간단하다.

일본국 입국 사증(VISA) 신청서 　　　　　　 PRINT

*관용란

(여기에 사진을 붙이세요)
약 45mm X 45mm
또는 2in X 2in

성 (여권에 기재된 대로) 성:Gwak　　　　　　 한자 - 성 郭
명 (여권에 기재된 대로) 이름:Man su　　　　 한자 - 명 萬授
다른 이름(본명 이외의 평소 사용하는 이름)
　　　無　　　　　　　　　　　　　　　　 한자
생년월일 21/03/89　　 출생지 (출생지 한자로 변환)　 남구 울산　 대한민국
　　　(일/월/년)　　　　　　　 (시/자)　　　　　 (상/도)　　　　 (국)
성별 : 남 |X　여 □　　　　　 혼인여부 : 미혼 |X　기혼 □　사별 □　이혼 □
국적 또는 시민권　　　　　　　　　　　　　　　　　　　　　　　　　▼
　　　원국적 / 또는 다른 국적 또는 시민권　　　　　　　　　　　　　　▼
국가에서 발급한 신분증 번호 (주민등록번호) 890321-1xxxxxx
여권종류 : 외교 □　관용 □　일반 |X　기타 □
여권번호　 Mxxxxxx
발행지　　　　　韓國　　　　　　　　　　　 발행일28/12/2015
　　　　　　　　　　　　　　　　　　　　　　　　(일/월/년)
발행기관　　　　M O F A　　　　　　　　　 만기일28/12/2025
방일목적　　　　Working holiday　　　　　　　 (일/월/년)
일본체류예정기간　　　　1年
일본입국예정일　　　　 2016年8月10日
입국항　　　　成田　　　　　　　　 이용선박 또는 항공편명　 未定
숙박 호텔 또는 지인의 이름과 주소
　　　이름　　　　공란　　　　　　　　　　　 전화번호

　　　주소

이전에 일본에 체재한 날짜 및 기간 2014.12.22~2015.12.21
현주소(만약 한군데 이상 주소가 있는 경우, 모두 기재해 주십시오.)

　　　주소 주민등록증에 나와있는 주소지 기재 해주세요.
　　　전화번호　　　　　　　　　　 휴대전화번호
현 직업 및 직위 자신의 직업을 적어 주시고, 학생이신 경우 대학생으로 적어주세요.
고용주의 이름 및 주소
　　　이름 직장,학교 이름 한자로 적어주세요.　　　 전화번호

　　　주소 한자로 변환 하여 적어 주세요.

* 배우자의 직업 (신청자가 미성년자인 경우, 부모의 직업)

일본 내 신원보증인 (일본 내 보증인 또는 방문자에 관하여 자세히 기재해 주십시오.)

이름_____ 전화번호_____

주소_____

생년월일 _____ 성별 : 남 ☐ 여 ☐
　　　　　(일/월/년)

신청인과의 관계_____

현 직업 및 직위_____

국적 및 체류자격_____

일본 내 초청인 (초청인이 보증인과 동일한 경우 "상동"으로 표시해 주십시오)

이름_____ 전화번호_____

주소_____

생년월일 _____ 성별 : 남 ☐ 여 ☐
　　　　　(일/월/년)

신청인과의 관계_____

현 직업 및 직위_____

국적 및 체류자격_____

* 비고/특기사항_____

해당하는 곳에 표시해 주십시오

● 어떤 국가에서든 법률위반 또는 범죄행위를 한 적이 있습니까? 　　　　　　예 ☐ 아니오 ☒
● 어떤 국가에서든 1년 이상의 형을 선고 받은 적이 있습니까?** 　　　　　예 ☐ 아니오 ☒
● 일본이나 다른 나라에서 불법행위나 불법장기체재 등으로 강제퇴거 당한 적이 있습니까? 예 ☐ 아니오 ☒
● 마약, 대마초, 아편, 흥분제, 항정신성 의약품 사용과 관련된 법률을 위반하여 형을 선고
　받은 적이 있습니까?** 　　　　　　　　　　　　　　　　　　　　　　예 ☐ 아니오 ☒
● 매춘행위, 타인을 위한 매춘부 중개 및 알선, 매춘행위를 위한 장소제공 또는 매춘행위와
　직접적으로관련된 행위에 연루된 적이 있습니까? 　　　　　　　　　　예 ☐ 아니오 ☒
● 인신매매 범죄를 저지르거나, 그러한 범죄를 저지르도록 타인을 선동하거나 도운 적이
　있습니까? 　　　　　　　　　　　　　　　　　　　　　　　　　　예 ☐ 아니오 ☒

** 형을 선고 받은 적이 있다면, 그 형이 보류중이라도 "예"에 표시하십시오.

만약 "예"에 표시했다면, 죄명이나 위반사항을 명시하고 관련서류를 첨부하십시오.

```
[                                                              ]
```

상기의 진술은 사실입니다. 그리고 본인은 입국할때 입국심사관이 부여하는 재류자격 및 재류기간에 이의 없이 따르겠습니다. 본인은
사증을 가지고 있어도, 일본에 도착한 시점에서 입국자격이 없다고 판명되면 일본에 입국할 수 없다는데 동의합니다.
본인은(또는 본인의 사증 신청을 대신한 관련 내에서 공인된 여행사가 상기의 개인 정보를 일본대사관 / 총영사관에 제공하고, 필요한
경우(여행사에 위임하는) 일본대사관/총영사관에서 사증 비용을 지불하는데 동의합니다.

신청일 18/02/2016　　　　　　　　신청인 서명 _____
　　　(일/월/년)

* 항목은 반드시 기재하지 않아도 됩니다.

신청인의 개인정보(이하 "보유개인정보")와 이 신청서에서 설명한 개인과 관련된 정보는 행정기관에서 보관하는 개인정보의 보호와 관련
된 일본 법률(이하 "법률")에 따라 적절하게 관리 및 감독될 것입니다. 보유개인정보는 신청자의 사증 신청을 위한 목적으로만, 조사 과정
외일본부르서 관련 개인이나 기관으로부터 정보를 요청할 수 있음. 그리고 법률 8조에서 명시된 특별한 목적으로만 사용을 것이며, 관련된
개인의 동의 없이 다른 목적으로 사용되거나 제3자에게 제공되지 않을 것입니다.

※ 발행기관: 외교부(Mofa로 작성한다)

　이용선박 또는 항공편명: 未定(미정)이라고 적으면 된다.

2. 이력서 작성 방법

일본어 또는 영어를 선택하여 작성하면 된다. 하지만 일본 워킹홀리데이를 접수하는 것이기 때문에 일본어로 작성하는 게 합격률이 더 높다. 조금 번거로울지라도 번역기를 이용하여 작성하는 걸 추천한다.

年月日 Date _____

履歴書 RESUME

○ 申請者氏名 Name of visa applicant
한자로 이름 기입
_____
姓(Surname)　名(Given and middle name)
生年月日 Date of birth(생년월일)

_____
○ 学歴（高校以上を記入）Educational
Background from High School 学校名・学部・学
科 Name of School, Department, Subject:
고등학교 졸업부터 기입
_____
대학교 이름을 적고, 현재 상황 체크(휴학, 재학, 졸업, 자퇴)

性別 Sex　　　　　　　　　　年齢 Age

男 M (　)・女 F (　)　　　　_____

出生地 Place of birth(출생지)

_____
現在の状況 Present Situation:

卒業 Graduated(　)　　　休学 Absent(　)
在学中 Registered(　)　退学 Left(　)
卒業 Graduated(　)　　　休学 Absent(　)
在学中 Registered(　)　退学 Left(　)
卒業 Graduated(　)　　　休学 Absent(　)
在学中 Registered(　)　退学 Left(　)

○ 職歴 Work Experience:
期間(Period)
아르바이트 또는 사회 경험 기입
_____

職場名：Name of Organization

_____

○ 日本滞在歴 Experience of stay in Japan: 일본에 체류 경험이 있는 경우, 체류기간, 방문목적, 체류장소 기입
(該当する場合には、滞在期間、訪日目的、滞在場所 if any, please write the period, purpose, and place of
each visit):
_____
_____

○ 過去のワーキング・ホリデー査証申請 Previous application for the Working Holiday visa:
　　　과거 워킹홀리데이 비자를 신청한 적이 있습니까?
ある (　)、ない (　) 과거
「ある」と答えた場合には、何回か記入してください° if yes, please indicate how many times:
　1(　), 2(　), 3(　), 4回以上 more than (　) 이전에 신청한 경험이 있으면 횟수를 체크하고, 신청한 연도/월/날짜 기입
「ある」と答えた場合には、いつですか。(年/月/日) When? (year / month / day)
_____

○ 特技（日本語能力―JLPT、JPTなど）　Skills(Japanese ability–JLPT, JPT etc.)：
일본어 능력시험 자격증 JLPT, JPT가 있으면 기입
일본어 자격증이 없을 경우, 대학교에서 일본어 과목을 교양 과목으로 수강하였거나 일본어학원에서 공부한 경험을 기입
(아무것도 안 적는 것보다, 학원이나 대학교에서 일본어를 공부할 만큼 관심이 있다고 어필하는 것이 좋다.)
_____

3. 조사표 작성 방법

조사표

以下の各問について, 該当する番号に「○」印をつけてください。
(「その他」に該当する場合は, (   )に具体的な内容を記入してください。)

問1. 일한 워킹홀리데이 제도를 충실히 읽었습니까?
答1.　① はい(네)　　　　② いいえ(아니요)

問2. 한일 워킹홀리데이 제도의 취지나 취업 제한에 대해 이해하고 동의합니까?
答2.　① はい(네)　　　　② いいえ(아니요)

問3. 당신의 (주된) 방문 목적은 무엇 입니까?
答3.　① 관광　　　　　② 문화체험
　　　③ 취업　　　　　④ 기타 (　　)

★ 일본워킹홀리데이의 주된 목적은 여행과 문화체험입니다.
관광의 경우, 관광비자로 90일간 일본에 체류가 가능하니, 이 질문에 가장 알맞은 것은 문화체험입니다.

問4. 일본에서 취업할 예정이 있습니까?
答4.　① はい(네)　　　　② いいえ(아니요)

★ 취업비자가 아니기 때문에, '아니요'로 표기 합니다.

問5. 問4에서 ①로 체크한 경우, 이미 취업이 확정 되어 있습니까?
答5.　① はい(네)　　　　② いいえ(아니요)

問6. (問5에서 ①로 체크한 경우) 구직방법은 아래 다음 중 어느 것입니까.
答6.　① 지인소개
　　　② 신문, 잡지, 인터넷 (구체적으로　　)
　　　③ 한국국내의 업자를 통한 알선
　　　④ 기타 (　　)

問7. (問5에서 ②로 체크한 경우) 구직 방법은 다음 중 어디에 해당합니까?
答7.　① 지인소개
　　　② 신문, 잡지, 인터넷 (구체적으로: 인터넷으로 찾기)
　　　③ 기타 (　　)

★ 일본 또한 한국의 알바천국&알바몬과 비슷한 인터넷 사이트를 통해서 아르바이트를 구하고 있습니다.

4. 합격자 샘플 모음(계획서/이유서)

理由書 (이유서)

おはようございます、 私は 今回のワーキングホリデーを 申し込む ガア マンスともうします。
私が なぜ 日本の ワーキングホリデーを 行きたい理由ときっかけを 書きます。
私は高校生の時、友達の 薦めで 日本の ドラマとアニメを 見ました。最初に 見た ドラマは1リトの涙で
す。このドラマを 見て すごく 感動しましたし 日本の 文化と生き方を学びました。韓国と似っているけど
違うことに 気に入りました。

안녕하세요. 저는 이번에 워킹홀리데이를 신청하는 곽만수입니다. 제가 왜 일본 워킹홀리데이를 가고 싶은
지 이유와 계기를 적어보겠습니다.
저는 고등학생 시절 친구의 권유로 일본의 드라마와 애니메이션을 봤습니다. 처음 봤던 드라마는 1리터의
눈물입니다. 이 드라마를 통해 감동을 받았으며, 일본의 문화와 삶을 배웠습니다. 이 드라마는 저에게 일본
의 문화와 삶을 알려준 드라마입니다. 그리고 한국과 닮아 있으면서도 다른 부분이 마음에 들었습니다.

> ★ 이유서의 첫 시작은 일본과 일본어에 어떻게 관심을 갖게 되었는지 적으면 된다. 드라마, 애
> 니메이션, 일본 여행 또는 요리를 통해 일본에 대해 흥미를 갖게 된 계기를 적으면 자연스럽게
> 첫 문장을 적어 나갈 수 있다.

その後 日本語を 勉強することにしました、一人で勉強したので 難しい部分も ありましたが、楽しみながら
勉強しました。
日本語をもっと積極的に 勉強したいと思い、2008年ヨンナム外国語大学の日本学科に進学しました。立派な
教授のおかげて、日本語を短時間で上達することができました。教授が日本で住んでいた時の生活や色々な
情報について話してくれました。その時は日本に行ったことがなかったので、その話がすごく面白かったです。そ
れでその時から、必ず日本に 行きたいと思いました。

그 이후로 일본어 공부를 하였습니다. 독학으로 공부하여, 어려운 부분도 있었지만 즐겁게 공부했습니다. 일
본어를 좀 더 적극적으로 공부하고 싶어 2008년 영남외국어대학의 일본학과를 진학했습니다. 우수한 교수
님들 덕분에 일어를 빠른 시간에 배울 수 있었습니다.

> ★ 일본어를 공부한 과정을 적으면 된다. 일본 워킹홀리데이에 가기 위해서는 일본어가 필수!
> 내가 일본에 대해 관심이 많아 일본어 공부 또한 열심히 준비 하였다고 어필하는 것이 좋다.

2008年の冬に 長野県で 3ヶ月間 インターンシップを 参加する機会を得ることができました。 初めは本当に嬉しくて、寝むれなかったんですけど、会話に自信が無かったので心配もしました。

長野に着いたときみんな関西弁を使っていったので聞きにくかったけど、一緒に生活した 日本人の友達が 関西弁を簡単に教えてくれました。漢字も下手だったので、他の人より1時間ぐらい早く起きて新聞を読みながら勉強しました。

インターンだったので夜遅く仕事が終わるときもありましたが、その生活が楽しいかったです。日本人の友達が長野の有名な場所を紹介してくれたり美味しい店につれて行ってくれました。

他の地域も旅したかったんですけど休暇を取るのが難しいかったので、残念ながら、諦めるしかなかったです。

2008년 겨울 나가노현에서 3개월간 인턴십에 참가할 기회를 얻었습니다. 처음에는 잠을 못 잘 정도로 기뻤지만, 회화에 자신이 없어 걱정이 되었습니다.

나가노에 도착했을 당시 모두 칸사이벤(사투리)을 사용하고 있어 이해하기 힘들었지만, 함께 생활한 일본인 친구들이 칸사이벤(사투리)을 쉽게 설명해주었습니다. 한자 실력도 부족하여 다른 친구들보다 1시간 정도 빨리 일어나 신문을 읽으며 공부했습니다.

인턴 생활이었기 때문에 늦은 시간에 퇴근할 때도 있었지만, 일본의 생활이 즐거웠습니다.

일본인 친구가 나가노의 유명한 장소와 맛집을 소개시켜 주었습니다.

다른 지역도 여행하고 싶었지만 휴가를 얻는 것이 힘들어, 아쉽지만 포기할 수밖에 없었습니다.

★ 인턴 생활을 통해 일본에서 생활했던 경험을 적었다. 일반적으로 일본을 여행한 경험 또는 어학연수 경험을 적는 것이 적합하다. 이번 기회에는 더 많은 지역을 여행하고 싶다고 적으면 깔끔하다.

英語の勉強と旅がしたくて去年、オーストラリアで 6ヶ月間 ワーキングホリデーをしまし。

週末には日本人のルームメートと地域の祭りを参加したり、日本の料理を一緒に作りながら親しくなりました。

今回、日本の ワーキングホリデーを通じて旅をしながら、オーストラリアで会った友達といい 思い出を作りたいです。

영어 공부와 여행을 하고 싶어 작년에 호주에서 6개월간 워킹홀리데이 생활을 했습니다. 주말에는 일본인 룸메이트와 지역축제를 참가하거나 일본 요리를 만들면서 친해지게 되었습니다.

이번 일본 워킹홀리데이를 통해 여행을 하면서 호주에서 만난 (일본) 친구들과 좋은 추억을 만들고 싶습니다.

★ 마무리는 이번 워킹홀리데이를 통해 앞으로의 계획을 간략하게 설명하면 된다.

計画書 - 1年間 楽しい ワーキングホリデー の計画
계획서 - 즐거운 워킹홀리데이 1년간의 계획

やりたいこと(하고 싶은 것들)
★ 계획서를 작성하기 앞서, 가장 하고 싶은 것을 먼저 적어 보았다.

1. 地域祭りの参加 (花火大会、桜まつりなど)
- 지역축제참가(불꽃축제, 벚꽃축제 등등)
2. 自転車旅行
- 자전거 여행
3. グルメツアー
- 맛집 여행

★ 워킹홀리데이의 주된 목적은 여행과 문화체험이니 일본에서 1년간의 여행 계획서를 작성한다고 생각하면 된다. 1년 동안 어디를 여행할지, 어떤 체험을 하고 싶은지 3개월 단위로 나누어 작성하였다.

1~3月	＊ 大阪に住む場所を探し、大阪の生活になれるように頑張ります。 ＊ 京都で有名な観光地である清水寺、金閣寺、平安神宮に行きたいです。 ＊ 神戸の中華繁華街を訪ねた後、神戸牛を食べる予定です。 ＊ 難波と梅だの中心部を旅する予定ます。 * 오사카에서 집을 구해, 오사카 생활에 익숙해지기 위해 노력하겠습니다. * 교토의 유명한 관광지 청수사, 금각사, 헤이안신궁에 가보고 싶습니다. * 고베의 차이나타운을 방문 후, 고베 소고기를 먹을 예정입니다. * 난바와 우메다 중심부를 여행할 것입니다.
4~6月	＊ 友達に会うために名古屋に行きます。 ＊ 名古屋には美味しい店がたくさんあると聞いてるので、友達とグルメツアーをします。 ＊ 時間があれば、トヨタ本社にも行って見たいです。 * 친구를 만나러 나고야에 갑니다. * 나고야에는 맛집이 많다는 이야기를 들었기 때문에, 친구와 함께 먹방투어를 합니다. * 시간이 된다면 도요타 본사를 방문해 보고 싶습니다.

7~9 月	* 東京上陸 * 色々な花火大会を見たいです。 * 上野に行く予定です。上野公園に行った後、市場の中の美味しい牛丼屋に行きたいです。 * 日本で温泉に行ったことがなかったので、箱根温泉に行って見たいです。 * 世界に認められたミシュラン3つ星の寿司職人の店で寿司を食べてみたいです。 * 도쿄 상륙 * 여러 불꽃놀이 축제를 보고 싶습니다. * 우에노에 갈 예정입니다. 우에노 공원을 둘러보며, 시장 안에 있는 맛있는 규동집을 가보고 싶습니다. * 일본에서 온천에 가본 적이 없기 때문에 하코네 온천에 가보고 싶습니다. * 세계적으로 인정받은 미슐랭 3스타 스시장인의 가게에서 스시를 먹어보고 싶습니다.
10~12 月	* 北海道に行き、雪祭を見ながら、いい景色の写真を撮りたいです。 *スノーボードが大好きなので、北海道のふわふわな雪の上で滑りたいです。 *帰国の準備をします。 * 홋카이도에 가서 눈의 축제를 보며, 경치 좋은 곳을 촬영하고 싶습니다. * 스노보드 타는 것을 좋아 하기 때문에 홋카이도의 부드러운 눈 위에서 스노보드를 타보고 싶습니다. * 귀국 준비를 합니다.

理由書 (이유서)

はじめまして 私の名前はキム・ハクゼと申します。
ある日、偶然トリックという日本のドラマを見ることになりました。これをきっかけに 日本のドラマに填ることに
なり、私の趣味は日本ドラマを見ることになりました。

처음 뵙겠습니다. 제 이름은 김학재입니다.
어느 날, 우연히 트릭이라는 일본 드라마를 보게 되었습니다.
이것을 계기로 일본의 드라마에 빠지게 되어, 일본 드라마를 보는 것이 저의 취미가 되었습니다.

ある日突然、字幕なしでドラマを見ることができたらいいなと思い、日本語勉強を始めました。ドラマをたくさ
ん見たおかげで、楽しく勉強することができました。最初はただ字幕なしでドラマを見るために勉強しました
が、ドラマを通じて、日本の文化と料理に興味を持つようになりました。そして、日本をもっと知りたくなり、大
学で 日本語を2年間勉強しま

어느 날 갑자기, '자막 없이 드라마를 볼 수 있다면 좋겠다'라는 생각이 들어, 일본어 공부를 시작했습니다.
드라마를 많이 본 덕분에 즐겁게 공부를 할 수 있었습니다. 처음에는 단지 자막 없이 드라마를 보기 위해 공
부했지만, 드라마를 통해 일본의 문화와 요리에 흥미를 갖게 되었습니다. 그리고 일본에 대해 더 알고 싶어
져, 대학교에서 일본어를 2년간 공부 했습니다.

日本を初めて訪ねたのは 2年前 語学研修でした。
先生達と会話の勉強を通じて、日本語に 自信を持つようになりました。
短い1ヶ月間だったですけど、頑張ったおかげで 大学の教授さんが 観光ガイドの仕事を紹介してくれました。

일본을 처음 방문한 것은 2년 전 어학연수였습니다. 선생님들과 회화수업을 통해, 일본어에 자신감을 갖게
되었습니다. 짧은 1개월이었지만, 열심히 공부한 덕분에 교수님이 관광 가이드 일을 소개 시켜주었습니다.

その後、休みのときに、日本を旅した 友達にあって、少しずつ日本の文化を体験することができました。間接
的に日本の文化を学ぶことができましたがそれは足りないと思って、どうすればその国の文化をしっかりと体
験することができるか、方法を模索しているうち日本ワーキング・ホリデー制度を知りました。

그 후 쉬는 날마다, 일본을 여행한 친구를 만나, 조금씩 일본의 문화를 체험할 수 있었습니다. 간접적으로 일
본 문화를 배울 수 있었지만 이 정도로는 부족하다고 느껴, 어떻게 하면 그 나라의 문화를 제대로 느낄 수 있
을지 방법을 찾던 중 일본 워킹홀리데이 제도를 알게 되었습니다.

ワーキングホリデーを 合格したら色々な地域を旅するつもりです。
よろしくおねがいします。

워킹홀리데이를 합격한다면 여러 지역을 여행할 예정입니다. 잘 부탁드립니다.

計画書 (계획서)

2015年 4~7月 東京	ワーキングホリデーの出発点です！ 日本での最初の仕事と、家まで探さなければいけないから最も忙しく、良い経験ができる時期だと思われます。東京はソウルより大きな都市であり、色々な国の人達と出会える機会が多いため、楽しみです。ワーキングホリデー期間中に、日本人と一緒に生活して文化と習慣身につけたいです。 2015년 4~7월 도쿄 워킹홀리데이의 출발점입니다! 일과 집을 구해야 하기 때문에 가장 바쁜 시기이지만, 다양한 경험을 해보겠습니다. 도쿄는 서울보다 큰 도시이며 여러 나라의 사람들과 만날 기회가 많아 기대가 됩니다. 워킹홀리데이 기간 중, 일본인과 함께 생활하며 문화와 관습을 익히고 싶습니다.
2015年 8~10月 関東地方一周	関東地方のあちこちを約 2~3週間程度で旅行するつもりです。 富士山が 7~8月中にのみ頂上まで登りができるため、 この期間中は必ず頂上まで登ってみるつもりです。 そして、東京ディズニーランドも必ず行ってみたい場所の一つです。 そのほかにも素敵なスポットを探し回るつもりです。 2015년 7~9월 관동지방 일주 관동지방의 이곳저곳을 약 2~3주 정도 여행할 생각입니다. 후지산은 7~8월에만 정상까지 오르는 것이 가능하기에, 이 시기에는 반드시 정상까지 올라갈 예정입니다. 그리고 도쿄디즈니랜드도 반드시 가려고 생각하는 장소중 하나입니다. 그 외에도 멋진 장소를 찾아 다녀보고 싶습니다.

2015年 11~1月 福岡	福岡は私が最初に日本を訪ねた場所なので、最も記憶に残った旅行先でもあります。 また、中洲屋台で食べた食べ物とそこで出会った日本人の友達が記憶に残っています。 行ってみたい場所はハウステンボスです。 そして時々九州の有名な温泉も行って見るつもりです。 2015년 8~11월 후쿠오카 후쿠오카는 제가 일본을 처음 방문한 지역이기에, 가장 기억에 남는 여행지입니다. 크리스마스는 친구들과 함께 하우스텐보스에서 일루미네이션을 볼 예정입니다. 포장마차의 천국으로 유명한 나카스에서 맥주와 다양한 요리를 맛보고 싶습니다. 그리고 큐슈의 유명한 온천에도 가볼 생각입니다.
2016年 2~4月 全国一周	ワーキングホリデーを仕上げする期間です。 日本最北端の稚内からスタートして、 最南端の波照間島まで 2~3ヶ月に渡って行って見るつもりです。 これまで行って見なかった日本の名所を一つ一つ探して行き 私がとどまった東京と福岡も寄って、これまで知って過ごした知人たちも会ってみて 長い1年のワーキングホリデー最後を素敵な思い出に仕上げたいと思います。 2016년 2~4월 전국일주 워킹홀리데이를 마무리합니다. 일본 최북단 왓카나이를 시작으로 하테마루섬까지 가볼 예정입니다. 지금까지 가보지 않은 일본의 명소를 찾아 가볼 것입니다. 친구들에게 작별 인사를 끝으로, 귀국 준비를 하겠습니다.

부록

워홀러들 생생 인터뷰!

참가자: 권재완, 박은경, 김학재, 황유진, 지영동

권재완

1. 간략하게 자기소개 해 주세요.

» 23살에 일본 워킹홀리데이를 다녀온 권재완입니다. 오사카에서 1년 동안 생활하며 회전초밥, 맥도날드, 드럭스토어, 이자카야, 파견회사, 카페에서 일을 하였습니다.

2. 워홀비자를 신청했을 당시, 일본어 실력은?

» 일본어 자격증은 하나도 없었습니다. 대학교에서 1학기, 군생활을 하며 1년 독학으로 공부한 게 전부입니다.

3. 초기정착 비용?

» 16만 엔(한화160만 원)

4. 16만 엔으로 경제적 부담을 느끼지 않았나요?

» 초기정착 비용이 부족했음을 알고도 무리해서 쉐어하우스 친구

들이랑 홋카이도 여행을 갔다 온 이후로, 경제적 어려움을 4개월 동안 달고 살았습니다. 한 달간 볶음밥을 먹었는데 일본 친구들로부터 "너는 볶음밥만 먹어. 볶음밥을 매우 좋아하는구나!"라는 말을 들을 정도로 볶음밥만 먹으며 생활했습니다… 홋카이도만 안 갔어도 이렇게 고생하지 않았을 건데…

5. 홋카이도 여행을 후회하나요?

» 후회는 안 합니다. 처음에 고생을 많이 하였기에 더 이상 힘든 고생은 없을 것이라 생각하며 생활했습니다.

6. 집은 어떻게 구했나요?

» 일본에서는 대부분의 사람들이 야후재팬과 구글을 사용하고 있어, 야후와 구글 검색창에 Osaka Sharehouse를 검색하여 가격과 위치를 비교하였습니다.

7. 아르바이트는 어떻게 구했나요?

» 초기 자금이 부족하여 최대한 빨리 일을 구해야 하는 상황이었습니다. 일본에 도착하자마자 체류카드, 핸드폰 등록을 끝내고 바로 이력서를 들고 난바로 향했습니다. 외국인 관광객인 많은 곳이 난바이기에

외국인 알바생을 선호하는 가게들이 많을 것 같다는 생각이 들어 무작정 가게로 들어가 아르바이트를 찾고 있다고 하던 중, 운이 좋게 회전초밥 가게에서 바로 면접을 보게 되었습니다.

8. 평소 초밥을 좋아하나요?

» 생선을 좋아하지 않아 초밥 또한 자주 먹지 않습니다. 면접에서도 점장님께서 초밥을 좋아합니까? 질문을 하셨지만 사실대로 얘기했습니다. 초밥을 좋아하는 편은 아니지만 배워보고 싶다고요.

9. 여러 아르바이트 경험이 있네요. 어떤 아르바이트가 가장 좋았나요?

» 파견회사의 일을 가장 즐기면서 할 수 있었습니다. 유니버셜스튜디오, 맥주 시음회, 싸인회 등등 다양한 이벤트 일이 많아 지루하지 않게 일을 했습니다.

10. 일본 워홀 생활 중 어떤 부분이 아쉽나요?

» 1년 동안 힘들거나 즐거울 때나 항상 제 옆을 지켜준 고마운 친구들인데, 이제는 영상통화를 통해 만날 수밖에 없는 상황이 너무 아쉽습니다.

1. 간략하게 자기소개 해 주세요.

>> 21살에 일본 워킹홀리데이를 지원한 박은경입니다. 오사카에서 1년 동안 생활하며 이자카야, 라멘집에서 일을 하였습니다.

2. 지원동기?

>> 일본학과를 졸업하였지만 일본어에 대한 자신감이 없었습니다. 학교에서 2년간 공부를 했어도 대부분의 수업이 한자, 문법, 독해 위주여서 회화는 직접 현지에서 생활을 해보지 않으면 늘 수 없다는 것을 깨닫고 지원을 하였습니다.

3. 일본에 도착 했을 당시, 일본어의 어려움을 느끼었나요?

>> 오사카 특유의 칸사이벤(사투리)이 있어, 처음에는 무슨 말을 하는지 전혀 몰랐습니다. 하지만 3,4개월 정도 생활을 하다 보니 저도 자연스럽게 칸사이벤(사투리)을 사용하고 있었습니다. 오히려 사투리를 배울 수 있는 좋은 기회였습니다.

4. 초기정착 비용?

≫ 25만 엔(한화 250만 원)

5. 집은 어떻게 구했나요?

≫ 일본으로 출국하기 전 피탓토하우스 부동산을 통해 방을 계약하였습니다.

6. 다른 부동산과 달리 피탓토하우스의 장점이 있나요?

≫ 비용적 측면과 계약과정이 다른 부동산과 달리 상당히 간단합니다. 일본인 보증인이 필요 없으며, 가장 좋은 점이 단기 계약이 가능하다는 점입니다. 또한 한국인 스태프가 근무하고 있어 일본어가 서툴러도 전혀 상관이 없습니다.

7. 자취생활은 어떤가요?

≫ 자취생활에는 장단점이 있는 것 같습니다. 퇴근을 하고 집에서 혼자 편하게 쉴 수 있으며, 집을 항상 청결한 상태로 유지할 수 있는 장점이 있습니다. 단점은 혼자서 밥을 먹거나 몸이 안 좋을 때 누군가 옆에서 도와줄 사람이 아무도 없어 정말 외롭습니다.

8. 아르바이트는 어떻게 구했나요?

≫ 오사카에 도착하여 집을 계약하고, 일본인 친구들이 환영회를 해 준다며 이자카야로 향했습니다. 손님이 별로 없어 스태프들과 여러 이 야기를 나누며 친해졌습니다. 계산을 하러 카운터에 갔다가 우연히 아 르바이트 모집 중이라는 공고를 보고 계산을 하며 슬며시 이야기를 꺼 내 보았는데, 이력서를 들고 내일 다시 오라고 하였습니다.

9. 이자카야, 라멘집에서 일을 하면서 어떤 부분이 힘들었나요?

≫ 손님들에게 음식을 설명하고 주문을 받아야 하기 때문에 음식에 대한 정보는 물론이며 메뉴에 적혀있는 한자를 전부 외워야 했습니다. 손님들이 붐비는 시간에는 다른 스태프들에게 도움을 청할 수 없는 상 황이어서 똑같은 실수를 반복하지 않기 위해 모르는 것이 있으면 바로 바로 스태프들에게 질문을 하였습니다.

김학재

1. 간략하게 자기소개 해 주세요.

≫ 21살에 일본 워킹홀리데이를 지원한 김학재입니다. 오사카에서 1년 동안 생활하며 유니버셜스튜디오 재팬(유원지), 가이유칸(수족관)에서 일을 하였습니다.

2. 워홀비자를 신청했을 당시, 일본어 실력은 어땠나요?

≫ JLPT N1까지 공부하였습니다.

3. N1을 취득하기까지, 어떻게 공부했나요?

≫ 회화를 유창하게 하고 싶어 여러 드라마들을 보며 대사를 똑같이 따라했습니다. 책상 앞에 오래 앉아서 공부하는 타입이 아니었기에, 드라마를 통해 실용회화의 위주로 공부하며 어휘(한자)의 경우 똑같은 한자를 10번씩 적으면서 외웠습니다.

4. 좋은 집을 구하기 위한 Tip을 주세요!

» 일자리에서 가까운 지역의 집을 구하는 것이 가장 현명합니다. 출퇴근 거리가 짧아야 지각을 하여도 최대한 빨리 도착할 수 있습니다. 집 주변에 마트와 편의점이 있는지도 꼭 확인하는 것이 좋습니다.

5. 자취생활과 쉐어하우스 둘 중 어디가 더 좋은가요?

» 처음에는 6개월간 자취생활을 하였습니다. 친구들이 놀러오면 언제든지 자고 갈 수 있었기에 편하게 느껴졌습니다. 하지만 더 이상 놀러 올 친구가 없어지자 퇴근하고 집에 돌아오면 이야기 할 사람이 텔레비전밖에 없는 현실이 너무 슬펐습니다. 일본인 친구를 많이 사귀기 위해 일본에 온 것이어서 만수상의 블로그를 보다가 쉐어하우스에 입주하기로 결심하였습니다. 쉐어하우스가 비용적 측면에는 크게 메리트가 없는 것은 사실입니다. 오히려 혼자 자취하는 비용이 더 저렴하지만 저는 여러 친구들과 함께 생활하는 쉐어하우스가 더 즐거웠습니다.

6. 유니버셜스튜디오, 가이유칸에서 어떤 일을 했나요?

» 주된 업무는 유원지로 놀러온 손님들을 안내 하면서, 손님들이 좋은 추억을 남길 수 있게 사진을 찍어주는 일을 하였습니다. 단순히 사진을 찍는 일이 아니라 만족할 만한 사진을 찍기 위해 위치와 자세를

잡아주었고, 손님들의 대기시간을 지루하게 느끼지 않게 하기 위해 다양한 사람들과 대화를 하였습니다.

7. 일을 하면서 어떤 부분이 힘들었나요?

≫ 더운 날씨에도 장시간 밖에서 서서 일을 하기 때문에 힘든 부분도 있지만, 힘들다고 생각하면 손님들 앞에서 진심으로 웃으면서 대할 수 없어 항상 즐거운 마음을 갖고 일을 하였습니다.

8. 친구를 많이 사귀었나요?

≫ 유원지에서 같이 일하는 친구들과 쉽게 친해질 수 있었습니다. 하지만 다들 일을 하기 때문에 밖에서는 만날 시간이 거의 없어, 시에서 운영하는 언어교환 프로그램에 참여하였습니다. 언어교환 프로그램은 다양한 나라의 친구들이 일본어를 배우러 오기 때문에, 외국어 공부는 물론이며 쉽게 친구를 사귈 수도 있습니다.

1. 간략하게 자기소개 해주세요.

» 22살에 일본 워킹홀리데이를 지원한 황유진입니다. 오사카에서 1년간 생활하며, 호텔과 한식 레스토랑에서 일을 하였습니다.

2. 워홀비자를 신청했을 당시, 일본어 실력은?

» 일본어 학원에서 2년간 공부를 하였고, 일본어 자격증이 하나도 없었습니다. 자격증보다는 일본 워킹홀리데이를 지원하기 위해 현지에서 필요한 회화 위주로 공부했습니다.

3. 일본에 도착 했을 당시, 일본어의 어려움을 느끼었나요?

» 일본인 선생님의 회화수업을 통해 듣기와 회화에 자신감을 갖고 일본으로 떠났습니다. 하지만 일본에 도착하자마자 자신감이 사라졌습니다. 수업에서는 정해진 주제에 대해서 대화를 하지만 일본인 친구들 사이에서는 정해진 것 없이 다양한 주제로 이야기하며, 친구들의 물음에 바로 대답을 해야 했습니다.

4. 언어의 장벽을 어떻게 극복 하였나요?

≫ 대화를 하다가 실수를 하는 것이 창피하지 않다고 생각하기 시작했습니다. 일본어가 모국어가 아니기 때문에 틀리는 것이 당연하겠죠? 처음에는 틀린 부분이 많아 상대방이 전혀 이해를 못 하였지만, 친구들이 틀린 부분을 가르쳐주어 틀리면서 배우는 부분이 더 많았습니다.

5. 호텔, 레스토랑에서 어떤 일을 하였나요?

≫ 호텔의 출근이 불규칙하여, 투잡을 할 수밖에 없었습니다. 오전 9시에 호텔 일을 시작하며, 한 명당 6개의 방을 배정 받습니다. 침대를 정리하며 화장실까지 전부 혼자서 해야 하기 때문에 5시간 안에 끝내는 것은 빠듯합니다. 호텔 일을 빨리 안 끝내면, 레스토랑 출근시간에 맞출 수 없어 다른 사람들보다 더 빨리 움직였습니다. 레스토랑에서는 홀의 업무를 담당하여, 손님들의 주문을 받아 주방에 전달해 주는 것이 저의 주된 업무였습니다.

6. 한식 레스토랑에서 일을 한 이유가 있나요?

≫ 일본어 실력에 자신감이 없었습니다. 점장님은 한국 사람이었지만 점장님과 주방의 직원을 제외하고는 다들 일본인 스태프였기에, 일을 하면서 일본어를 더 많이 사용할 수 있었습니다.

7. 일본에서의 생활 중 언제가 가장 행복했나요?

» 친구가 일본으로 놀러온 날이 가장 행복한 날이기도 하면서 가장 암울한 날입니다. 친구와 교토여행을 하다가 지갑을 잃어버려 패닉 상태가 되었습니다. 경찰서로 바로 뛰어가 분실 신고 접수를 하면서 한국으로 귀국해야 하는 거 아닌지 생각했습니다. 그러다가 일주일 후 경찰서에서 지갑을 찾았다는 연락을 받았습니다. 크게 기대를 안 하고 경찰서로 향했는데 지갑 안에는 동전 하나 없어지지 않은 상태로 있어 정말 다행이었습니다. 지갑은 항상 잘 챙기셔야 합니다!

8. 예비 워홀러들을 위한 Tip

» 워킹홀리데이를 생각한다면 일본어 공부를 열심히 하세요. 제 경우 일본어 실력이 부족하여 적응이 힘들 수밖에 없었습니다. 모르는 부분은 누군가의 도움이 필요했으며 아르바이트 또한 선택에 제한이 있으니 이런 부분에서 많은 압박감을 느꼈습니다. 현지에서 빠르게 일본어를 배우기 위해서는, 한국에서 어휘와 문법은 확실하게 공부해 두는 것이 좋습니다.

지영동

1. 간략하게 자기소개 해주세요.

» 22살에 일본 워킹홀리데이를 지원한 지영동입니다. 기후현의 스키장에서 5개월, 남은 6개월은 오사카, 후쿠오카, 도쿄를 돌아다니며 생활하였습니다.

2. 초기정착 비용?

» 30만 엔(한화 300만 원)

3. 30만 엔으로 경제적 부담을 느끼지 않았나요?

» 초기정착 비용이 30만 엔이었기에 처음에는 전혀 경제적 부담을 느끼지 못했습니다. 그래서 하루에 4끼를 먹으며 한 달간 생활하다 보

니, 5만 엔밖에 안 남아 충격을 받았습니다. 냉장고에 있는 계란을 꺼내 날짜를 적으며 밥과 계란 하나로 한 달을 버티었습니다.

4. 아르바이트는 어떻게 구했나요?

» 한국인 손님이 많이 오는 레스토랑을 찾아 이력서를 제출하였습니다. 다음날 레스토랑에서 연락이 왔지만 일본에서 처음 받아보는 전화인데다 일본어 실력이 부족하여 상대방의 말을 전혀 이해할 수 없었습니다. 죄송하다는 말만 반복하다 보니 다음에 연락을 준다며 끊어버렸습니다. 면접을 보기 전이라면 자신이 어떤 말을 할 것인지 정도는 준비하고 가는 것이 좋습니다.

5. 어떻게 스키장 아르바이트를 하게 되었나요?

» 도시에서 생활을 하다 보니 전혀 돈이 모이지 않았습니다. 스키장의 경우 숙식을 전부 무료로 제공해 주며, 리프트 요원의 경우 30분 일하고 30분 휴식이라고 적혀 있어 편하게 일을 할 수 있겠다는 생각에 지원을 하였습니다.

6. 스키장에서 어떤 일을 하였나요?

» 리프트 요원으로 지원하였지만, 타코야끼 가게에서 일을 하게 되

었습니다. 스키장에서 타코야끼 팔아봐야 얼마나 팔리겠냐 가볍게 생각하였지만 스키장에는 평일 3~4천 명의 손님이 몰리고, 주말은 5~6천 명에 손님이 몰려 화장실 갈 시간조차 없었습니다. 일은 정말 간단합니다. 손님들이 오기 전에 타코야끼 재료를 미리 준비하고, 타코야끼 틀에 반죽을 넣어 만들면 끝입니다. 간단해 보이죠? 하지만 반팔 유니폼을 입고 실내가 아닌 스키장에서 판매를 하다 보니 너무 춥답니다. 얼굴색이 바뀌어 있으면 손님들이 따뜻한 음료를 줄 정도였습니다.

7. 스키장 일은 만족하나요?

» 돈을 모으기 아주 좋은 것 같습니다. 숙식을 제공해주니 지출이 하나도 없어 그 달 월급이 통장에 그대로 있습니다. 3개월 동안 열심히 스키장에서 일한 덕분에 70만 엔을 모아, 남은 6개월은 여행을 하며 편하게 생활하였습니다.

8. 1년 동안 일본에서 생활하며, 일본어 실력에 변화가 있나요?

» 처음에는 친구들의 대화를 들으며 모르는 부분이 나오면 계속 물어보며 부딪혔습니다. 일본어 자격증 공부야 한국에서도 가능하니 이곳에선 최대한 회화실력을 늘리고자 했습니다. 일본인 친구들 옆에 항상 있다 보니 자연스럽게 귀가 트이면서 말하는 속도 또한 빨라지기 시

작하였습니다.

9. 귀국하고 싶다고 느낀 적이 있나요?

» 초기정착 과정에서 돈을 너무 많이 사용하여, 5만 엔 밖에 안 남았을 때 잠시 귀국을 생각 한 적이 있습니다. 주변 친구들은 여행도 다니고, 파티도 다니고 하였지만 저의 경우 돈이 없어 혼자서 방에 있는 시간이 많았습니다. 친구들이 즐겁게 노는 모습을 쳐다볼 수밖에 없는 상황이 가장 힘들었습니다.

10. 예비 워홀러들을 위한 Tip

» 워킹홀리데이를 가볍게 생각하지 않았으면 좋겠습니다. 워홀러들의 SNS 활동을 보면 현지에서 즐겁게 생활하는 모습과 먹방투어 하는 모습을 쉽게 볼 수 있습니다. 이분들은 힘든 시기를 잘 극복하였기에, 현재의 생활을 충분히 즐기고 있다고 생각합니다. 달콤한 글들만 보고 워홀을 결심한다면 현지에서는 전혀 다른 생활이 시작 될 수도 있으니, 1년간 일본에서 무엇을 할지 신중하게 생각하는 것이 좋습니다.

저의 일본 워킹홀리데이 생활을 항상 응원해주고 출판을 도와주신 후원자님들께 진심으로 감사드립니다.

김학재, 황유진, 권재완, 지영동, 박은경, 김영근, 서영재, 이상용, 김형우, 이수영, 손경호, 강정우, 최재우, 박준영, 이기범, 박성영, 김도형, 시호, 메이, 이자벨, 쿠미, 일등양파, 라바물공, 혜윰, 재벌2세, 어바웃체니, 쇼니, 린, IM HEAVY, Jeongchan, Hans